AF281963

Impressum:

Margot Peterhänsel
„Von der Verwundbarkeit des Seins"
Bilder: Margot Peterhänsel
Lektorarbeiten: Michaela Neutz
Korrektur: Bernhard Künzel
Technische Überarbeitung: Henrik Peterhänsel
Verlag: Books on Demand GmbH
ISBN: 3 – 8311 – 3602 – 5

Irgendwo, da, wo die Melancholie einen Ausweg sucht, findet sie mehrere Wege. Klarheit setzt ein und schärft die Sinne. Man spiegelt sich selbst in den Menschen und in allen anderen Lebewesen. In diesem Drang , alles zu hinterfragen und zum Ausdruck zu bringen, nicht zuletzt auch sich selbst, entstehen Gedichte, Geschichten und Bilder. Der Mensch berührt die Spiritualität. Bauch, Herz und Kopf suchen einen Weg zueinander.

Kurz ist diese Zeit voller Klarheit, bevor sie sich in einer lähmenden Depression oder in anderen unkontrollierbaren Gefühlen verlieren kann. Vielleicht deshalb so kurz, damit nicht die Zeit bleibt, das Geschriebene zu korrigieren und zu überarbeiten. Ausdruck von Gefühl berührt nur in seiner ursprünglichen Form.

So sind diese Werke nicht unbedingt für Könner, zweifelsohne aber für Kenner, geschrieben.

1996 sind beim Akropolis-Verlag, München bereits die Bücher „Garten des Erkennens" und „ Seele im Feuer Seele im Eis" erschienen. Des weiteren beteiligte sich die Verfasserin an verschiedenen Anthologien beim Frieling-Verlag und beim Arnim-Otto-Verlag. Gedichte daraus sind auch in diesem Buch zu lesen. Mudau, im Februar 2002

Vorwort

Dank gebührt in erster Linie meinen Kindern für die Hilfestellung bei diesem Buch. Heiner, der aus einem Stapel Papier und ein paar Bildern mit viel Engagement ein richtiges Buch entstehen ließ. Christian, der nicht müde wurde von meinen Vorlesungen, für seine Kritik und Ermutigung und unserer Freundin Michaela Neutz, die mir das ganze in Reinschrift lieferte.

Danken möchte ich auch dem Verein „Mudau 2002", der mich ersuchte , anlässlich der Mudauer Heimattage „etwas zu machen".

Herrn Gernot Hauk, der mich diesbezüglich ansprach, nachdem er etwas von mir gelesen hatte. Alle, die mich für gut genug hielten, machten mir Mut, dieses Buch herauszugeben.

Nicht zuletzt Bernhard Künzel, der die rechtschreibliche Korrektur vornahm.

Besonderer Dank aber gehört den Menschen , die mir ihre Schwächen anvertraut haben. Nicht nur in den Symptomen, auch in jeder Begegnung, die man im Leben hat, sind wichtige Informationen verborgen.

Freunde und Bekannte, deren Gefühle und Nöte zu meinem Thema geworden sind. Oft sucht man nach Auswegen für einen verzweifelten Freund und findet in den eigenen Worten Lösung für sich selbst.

Wir leben in einer Zeit, die ihren Erfolgsmenschen kreiert hat: Optimistisch. Dynamisch, kraftvoll und witzig. Diese Aufzählung könnte man endlos ergänzen.

Eigentlich ein Grund für uns alle zu verzweifeln. Doch man muss sich nicht ganz auf diese eine Seite schlagen, nur um zu überleben. In jedem von uns ist genauso viel Fröhlichkeit wie Traurigkeit. Nur sucht das Verleugnete in uns oft sehr kraftvoll nach Beachtung und zwingt uns zur Besinnlichkeit. Unsere Ängste, die Unzulänglichkeiten, Krankheiten und Depressionen werden meist mit hochrotem Kopf herabgespielt und nicht ernst genommen. Dabei liefern gerade sie uns wertvolles Material zur Selbstbesinnung.

Das Wort „Leistungsfähigkeit" hat Macht über uns. Ich will mit diesem Buch nicht, die ständig Klagenden, aufrufen noch mehr Energie von den anderen zu ziehen. Sie suchen nicht wirklich nach einer Lösung, denn sie haben die Vorteile ihrer sogenannten Depression erkannt und leben ganz gut mit dem Mitleid der anderen. Ich meine vielmehr diejenigen, die mit einem verschämten Lächeln von ihrer Traurigkeit erzählen. Achtsam dabei, dass sie keinen damit belasten.

Diese Menschen haben mich immer stark inspiriert und berührt. Denn sie tragen auch ein bisschen am kollektiven Weltschmerz mit.

Zum Titel

Im Laufe seines Lebens merkt fast jeder , wie
„verwundbar" das Sein ist. Vor jeder Depression gibt es
die angenehme Melancholie, die unsere
„Herzensintelligenz" fördert.
Eintauchen in dieses Gefühl bewahrt uns vor so manch´
einer Sackgasse. Die Verwundungen aufspüren, ohne
andere schuldig zu sprechen, und sie dann formulieren.
Das und nichts anderes ist es – Gedichte zu schreiben.
Es wird nie eine Geschichte oder ein Gedicht geben,
welches allen gefällt. So wie jedes Lied immer nur
diejenigen berührt, die eine ähnliche Frage im Herzen
tragen, so ist es auch mit allen Bildern, Gedichten und
Geschichten. Ich habe mich um eine klare und einfache
Sprache bemüht, weil möglichst viele Leser verstehen
sollen, was die „Verwundbarkeit des Seins" bedeutet.

Die Verfasserin

Heimat

Kinderschuhe schlürften über Wiesen,
Stöckelschuhe gruben sich in den Asphalt.
Hab noch Heimaterde an den Füßen.
Wenn dir meine Liebe auch nicht immer galt.

Nachbarn hast du mir geschenkt und Menschenscharen,
die mit Argusaugen trachteten nach meinem Tun.
Viele, die mir Schutz und Halt im Leben waren,
jetzt schon tief in deiner Erde ruh´n.

Könnt ich´s legen doch in meiner Kinder Herzen,
dass die Heimat jedem größter Lehrer ist.
Ach, ich könnte nehmen ihnen all´ die Schmerzen,
die ein Baum hat, der nicht weiß, wo seine Wurzel ist.

Wenn man mich auch oft im Leben hemmte,
so weit , dass mir nichts mehr ward gegönnt.
Niemals zieht´s mich so gewaltig in die Fremde,
dass ich jemals deine Spur verlieren könnt´.

Wiederkehr

Erinnerungen an gestern ersticken
unter frischem Gestein.
Vertraute Wege führen scheinbar ins Nichts.
Kein Baum trägt die Frucht vom letzten Jahr.
Mutig suchst du dich selbst
im fremd geworden Land.
Mit alt gewordenen Augen findest du
Neues in einer neuen Zeit.
Entwicklung macht dir Angst.
Denn du bist unter dem verschlissenen Kleid
immer noch derselbe.
Kinderschuhe an groß gewordenen Füßen
tun weh.

Nähe

Obgleich dich der Lebenswind gerbte,
bist du mir vertraut geblieben.
Obwohl meine Seele vernarbte,
Fühle ich Nähe zwischen uns.
Ob es so bleibt?

Worte

Worte in den Wind gesprochen,
nicht gelogen aber auch nicht wahr.
Haben schon so manches Herz gebrochen.
Waren flüchtig, gingen doch so nah.

Worte können Menschenleben retten,
binden und zerstören, wie` s gefällt.
Insbesondere die Leisen und die Netten,
die man gerne hört in einer lauten Welt.

Erwachen

Als ob sich Tau auf meine Seele legte,
um zu erwecken, was noch übrig blieb.
Vom Fühlen, das ich zu verstecken pflegte,
wenn mich des Lebens Sturm zur Enge trieb.

Es ist, als ob der Wind mich innig küsste,
wenn deine Nähe auch so zaghaft war.
Ein sicheres Gefühl, als ob ich`s wüsste,
was da in dir grad am Erwachen war.

Silberstreifen

Du warst ein Silberstreifen,
an meinem Horizont.
Ich konnt´ es nicht begreifen,
dass solche Mühe lohnt.

Jetzt habe ich verstanden,
was du mir beigebracht.
Gefühle die verbanden,
verschwanden über Nacht.

Mein Kind

Wo immer du ankommst, sei ganz und gar dort.
Und wenn du dann gehst, nimm alles mit fort.
Bleib wachsam im Denken, und regsam beim Tun.
Nichts wird man dir schenken.
- Vergiss nicht zu ruh´n.-

Und bei deinem Sein, vergiss nicht das Werden.
Und bist du am Werden, vergiss nicht das Sein.
Zu kurz ist diese Zeit auf Erden.
Drum tue nichts nur so zum Schein.

Nur in deinem Herzen, bleib irgendwie fromm,
so manch einer damit, schon Gipfel erklomm.
Erkenne die Menschen, die zu Dir gehör´n,
und lass dich auch manchmal von anderen stör´n.

Mein Kind

Lass dich nicht vom Besitz besitzen.
Lieb, niemals Zorn, soll stets dein Herz erhitzen.
Wenn manch´ ein Ding daneben geht,
ist´s besser, wenn man dazu steht.

Und halt dich niemals für zu klug,
denn lernen kannst du nie genug.
Drum leg dich nie auf eine Meinung fest.
Klug wird man nur,
wenn man die ander´n reden lässt.

Schau nie weit vor, auch nicht zurück.
Es zählt im Leben nur der Augenblick.

Ich

Wenn ich dir schreibe vom tiefen Sinn,
glaub nicht, dass ich vollkommen bin.
Dass ich an dir die Fehler seh´,
das bringt mich selbst in meine Näh´.
Und deine kleinen Lebenssünden,
die helfen mir mich selbst zu finden.
Oft sitze ich bei dir Gericht,
an mir seh´ ich die Fehler nicht.
Drum sei nicht gram ob meiner Worte,
wir sind doch von der gleichen Sorte.
Wenn ich es schreibe, kommt's aus dem Bauch,
und wenn ich's lese, hilft`s mir auch.
Schon, wenn ich meine Meinung sage,
stell´ ich mich dabei selbst in Frage.
Drum wird's ein Leben lang so bleiben,
so lang ich mich suche, werd´ ich dir schreiben.

Ein Freund

Ich denk´, ein Engel war´s gewesen
oder vielleicht ein guter Freund.
Dem habe ich oft vorgelesen,
wir sprachen über Einsamkeit.
Er schenkte mir sehr viel Geduld,
betrachtete mein Minenspiel.
Ich suchte überall nach Schuld
und redete sehr viel.

Nur Bitterkeit sucht nach der Schuld,
berichtete er mir.
Hab´ mit den Menschen doch Geduld
und hab sie auch mit dir.
Dort, wo das Böse deinen Schmerz berührt,
dort will ich nicht mehr sein.
Bis dahin hat er mich geführt,
dann ließ er mich allein´.

Ein Narr

Ein Narr versuchte mittels Lachen,
die Menschen fröhlicher zu machen.
Er meinte, was die Leute kleide,
sei Herzlichkeit und etwas Freude.
Und keiner merkte, dass der Narr
im Herzen selber traurig war.

Die Menschen aber blieben stumm,
sie dachten: „Narren sind halt dumm."
So abgewiesen kam das Glück
dem Narr ganz unverbraucht zurück.
Und allen war auf einmal klar.
Er war auf keinen Fall ein Narr.

Die Elfe

Im Traum erschien mir eine Elfe,
die fragte ich, ob sie mir helfe.
Wohlwollend, so, als ob sie´s wüsste,
verlangte sie nach einer Liste.
Ich schrieb, sehr groß war meine Gier,
es reichte fast nicht das Papier.
Und jeden Wunsch hat sie erfüllt,
ich war mit Reichtum eingehüllt.

Jetzt fragte ich die Elfe,
ob sie mir tragen helfe.
Schallend fing sie an zu lachen:
„Du wolltest doch die vielen Sachen!"
Jeder Besitz ist eine Last,
es ist verdient, was du jetzt hast.
Zum Glück bin ich dann aufgewacht,
und hab´ darüber nachgedacht

Und wenn ich will, dass man mir helfe,
dann frage ich genau dieselbe Elfe.

Ein Fuchs

Ein Fuchs fing einmal einen Hasen,
und hat ihn einfach liegen lassen.
Der Hase weste vor sich hin,
so fand sein Tod noch nicht mal Sinn.

Ein and´rer Fuchs, vom Wesen schlauer,
empfand darüber tiefe Trauer.
Er denkt, das Jagen ist gegeben,
um irgendwie zu überleben.

So wird´s im Leben steht's bemessen,
was man erlegt hat, muss man essen.
Noch voller Groll ob dieser Tat
aß er sich an dem Hasen satt.

Frag die Moral von dem Gedicht:
„Natur braucht immer Gleichgewicht."

Ein Hase

Ein Hase träumte oft sehr kühn,
als schlauer Fuchs durchs Land zu zieh´n
Doch einen solchen Traum zu hegen,
war für den Hasen sehr verwegen.
Und listig fragte sein Auge,
ob er wohl dazu tauge?

Sein Wunsch war stark, so dass ihm schnell
ein roter Schimmer färbt das Fell.
Doch trotz der langen Nase,
blieb er im Herz der Hase.
Er lebte gegen die Natur,
und ward zur komischen Figur.

Was Hasen aber wirklich können,
ist, bei Gefahren schnell zu rennen.
Der Hase hatte dies vergessen
und wurde deshalb aufgefressen.
So sieht man doch, wie´s einem geht,
der nicht gern´ zu sich selber steht.

Danke

Ein jeder will die Menschheit retten
und glaubt dabei an seinen Sieg.
Selbst wenn sie um den Frieden beten,
weicht nicht aus ihrem Kopf der Krieg.

Gemahlter Teufel an der Wand
versteht sich gut auf´s Lauern.
Greift unverhofft nach jeder Hand
von denen, die sich selbst bedauern.

Oh Gott, du hast bei solcher Bürde
oft mitgedacht in ihrer Stirn,
was wär´, wenn man erhören würde
jedmenschlich´ einfältig´ Gehirn.

Hilfe

Es trafen sich zwei Betende
am Rande dieser Welt.
Der eine bat um Heilung,
der andere um Geld.
Die Ironie des Lebens,
sie beteten vergebens.

Ihr Herz blieb voller Zuversicht,
bis in den Schlaf klang ihr Gebet.
Im Traume dann die Stimme spricht,
ihr habt mich stets verschmäht.
Viel hab ich euch gegeben,
ihr braucht's nur aufzuheben.

Ich kann nur wachsen lassen
das, was ihr selber sät.
Ihr könnt es nur nicht fassen,
dass nichts von selber geht.
So sind die Himmelssitten
Um Hilfe darf man bitten.

Herbst

Manchmal denk´ ich in der Nacht,
was den Herbst so bunt und fröhlich macht.
Manch ein Sturm kann ihm nichts haben,
voller Trotz schenkt er die Gaben.
Jeden Nebel überm Land,
wischt er weg mit starker Hand.
Und mit großer Welterfahrung
schenkt er für den Winter Nahrung.
Manchmal schenkt er mir auch Stille,
und mich wundert seine Fülle,
die mich wärmt in dieser Zeit.
Ist´s vielleicht die Dankbarkeit.

Von der Kostbarkeit des Augenblicks

Dort, wo meine Zweifel am Gestern hängen,
versäume ich wieder den Augenblick.
Vergangenheit will sich ins Heute drängen,
zieht mich wie ein Sog wieder soweit zurück.

Ganz zaghaft vergess´ ich von Gestern die Sorgen,
will leben im kostbaren Augenblick,
da denk ich doch ängstlich schon an das Morgen,
verpasse damit von heute das Glück.

Will abends dann für den Tag mich bedanken,
weil er so vieles hat gegeben.
Weist mich der Frust in meine Schranken.
Vergessen hab´ ich´s heut´ zu leben.

Immer

Immer, wenn ich dich getroffen,
hattest du noch dein Problem.
Ich war wieder mal betroffen,
du, wie immer sehr bequem.
Hab´ dich wieder aufgeräumt,
hoffnungsvoll bist du gegangen.
Ich hab´ immer noch geträumt,
wollt´ ein bisschen um dich bangen.

Dazu blieb mir keine Zeit,
du warst wieder mal schlecht drauf.
Diesmal bin ich nicht bereit,
räum´ dich endlich selber auf.
Hilflosigkeit ist dein Geschütz,
es lässt die ander`n lahm zurück.
Die Waffe, die dir selber nützt,
verhindert auch dein eigen´ Glück.

Klarheit

Dein „Vielleicht" lässt mich im Regen steh´n.
Hin und wieder sagst du auch „mal seh´n".
Alles bleibt in deinem Leben offen.
Manchmal sagst du auch, du sei´st betroffen.
Windest dich durch alle krummen Gassen,
ohne endlich einmal Fuß zu fassen.
Niemals weiß ich, was du willst,
und schon gar nicht, was du fühlst.
Über allem steht die Angst
vor der Pflicht, um die du bangst.
Klares Ja und klares Nein
könnten deine Retter sein.

Ein Mann

Ein Mann, vom Überdruss erdrückt,
begab sich eines Tag's zur Flucht.
Nichts Wirkliches war ihm geglückt,
vergeblich hatte er gesucht.

Im fremden Land sollt' ihm gelingen,
was hier und jetzt nicht möglich ist.
Die Freude an den kleinen Dingen,
ein solcher Mensch recht oft vergisst.

Kaum war am Ziel er angekommen,
da fühlte er sich wieder schlecht.
Er hat sein Trübsal mitgenommen,
das machte ihn zum eignen Knecht.

Ein andrer Mann, im Herzen froh,
ging auch hinaus, die Welt zu seh'n.
Zu Hause ging's ihm ebenso,
nur dachte er, die Welt sei schön.

Im fremden Land fand er die Kraft,
die ihm im Kampfe ging verloren.
Sein Leid wurde zur Leidenschaft.
Er fühlte sich wie neugeboren.

Die Gram, die er zurückgelassen,
war fremd und hatte sich verkrochen.
Und Fremdes konnte ihn nicht fassen.
Er war gebeugt, doch nicht gebrochen.

Zwei Wanderer

Zwei Wanderer trafen sich in einem Wald.
Des einen Herz war voller Glut,
des anderen wie Stein und bissig kalt.
Der Eisige begann gleich zu erzählen,
wie er sich durch sein Leben musste quälen.
Das alle dafür büßen, war sein Wille.
Der andere genoss des Waldes Stille.

An seinem Herzen fraß der Neid,
man fühlte seine Einsamkeit.
Die Schuld bei sich zu suchen war nicht seine Art.
Das machte ihn wohl trotzig und auch hart.

Geduldig hört der andere ihm zu:
„Ich litt ein gleiches Maß an Qual wie du.
Nur wurd´ ich um Erfahrung vieles reicher.
Mein Herz, es wurde dadurch nur noch weicher.
Träum einfach deinen Traum vom Glück,
dann kommt auch deine Kraft zurück.

Der Steinerne blieb ungerührt,
er hatte einfach nichts kapiert.

Lächeln

Die Spur eines Lächelns,
versonnen einen Greis gestreift,
lässt ihn liebevoll ein Kind bestaunen,
welches von dannen zieht
um Freude zu verbreiten.
Steinernen Gesichtern wiederum ein
neues Lächeln entlockend.
Ein kleines Lächeln könnte
über Kontinente hinweg
weitergereicht und verbreitet
vielleicht einen Krieg verhindern.
Falls es euch begegnet,
schenkt es schnell weiter.

Augen

In deinen Augen gibt es nichts zu lesen,
weil deine Seele auch nichts vorzuweisen hat.
Schon oft bist du bei mir gewesen,
und wolltest immer einen guten Rat.

Wie könnte ich dir je zu etwas raten,
was du nach all den Jahren nicht schon selber weißt.
Du warst doch nie bereit zu irgendwelchen Taten,
Dass du noch fragst ist irgendwie ein bisschen dreist.

Wie sollt´ ich denn den trüben Augen trauen
wo doch nach unten schmollt dein stolzer Mund.
Da lob´ ich mir doch ins Gesicht zu schauen,
von einem treuen, braven Hund.

Der Schreiber

Was hab ich schon so viel geschrieben.
Von Herz, Schmerz und vom echten Lieben.
So mancher ein Zettel ward verrissen.
Das meiste hab´ ich weggeschmissen.

Ein Schreiber ist kein Mensch der Tat.
Er sucht nur nach dem eignen Rat.
Sich selbst zu rügen fehlt´s an Mut,
drum meint er es mit ander´n gut.

Ein Leser aber auf der Suche
findet sich selbst in manchem Buche.
Und oft berührt´s ihn, was er liest,
weil er dem Schreiber ähnlich ist.

Scham

Was ich dir immer erzählen wollte,
ist in lautem Lachen untergegangen.
Was ich dich fragen wollte,
habe ich immer verdrängt.
Ganz beschämt trage ich
ein Päckchen voll mit fremden Gedanken.
Darin verborgen mein eigenes ich.
Weil ich dich nicht verlieren wollte,
bin ich dir fremd geblieben.

Gelegenheiten

Während du dich leben lässt
von anderen, die kraftlos geworden sind,
ebnet sich dein Weg schon wieder.
Hervortreten aus der Menge
auf den eigenen Weg
würde dir helfen.

Während du dir selbst entfliehst,
und der Verantwortung, die keiner abnimmt,
ebnet sich dein Weg abermals.
Aufschauen zur Menge,
die dir gering erscheint,
ergäbe Sinn.

Während du die Zeit erschlägst
der anderen, die leben wollen,
ebnet sich dein Weg nie wieder.
Sieh nur in die Menge,
die dir so wichtig war.
Alle sind dir fremd.

Daheim

Ich achtete auf die Zeichen.
Wenn man mir ein Buch schenkte,
las ich es.
Hat man mir eine Geschichte erzählt,
dachte ich darüber nach.
Begegnete mir ein Mensch,
war es immer der wichtigste in meinem Leben.
In allem, was lebt, fand ich kostbare Information.
War es mir aber eigenartig ums Herz,
blieb ich daheim
und sortierte mich.
Hier hatte alles mit mir etwas zu tun.

Blumen im Herbst

Möchtest du eine Herbstblume sein?
Robust und farbenprächtig.
Wissend um den nahen Winter.
Die letzten warmen Sonnenstrahlen
dankbar einfangen.
Und den ersten Reif
als Schmuck und Krone tragen.

Oder willst du im Herbst
eine Frühlingsblume sein?
Welk und unbeachtet.
Nicht ahnend um die abgelaufene Zeit.
Im falschen Gewand am falschen Platz.
Und der Reif nimmt dir das letzte
bisschen Leben.

Alles hat seine Zeit.

Keiner merkt es

Man hat dich geboren,
obwohl du nie leben wolltest.
Sie zogen dich groß,
du aber ducktest dich, bliebst klein.
Brachtest du Leistung,
fürchteten sie deine Macht.
Unfähigkeit aber
verachteten sie.
Dann bist du gegangen,
freiwillig,
keiner hat´s gemerkt.

Ich komme wieder

Der ängstlichen Frau aus dem Schoß gepurzelt,
auf meinen kleinen Schultern
der leere Rucksack des Lebens.
Der neugierigen Welt vor die Füße geworfen
und tief im Herzen
die Sehnsucht nach Freiheit und Liebe.
Ich lerne es wieder –
den Kampf ohne Rückenwind,
und meine Haut ist dünn
vom letzten Leben.
Und schon wieder –
der Mut zur Wahrheit
die keiner hören will.
Ich gehe weiter und weiter
und frage immer wieder
warum ich gekommen bin.

Ich kenne die Glut

Ich kenne die Glut,
die berstend uns droht.
Ich hadere oft
mit Moral und Verbot.
Ich mag manche Sünden,
weil sie menschlich sind
und fühl mich dabei so frei
wie ein Kind.

Vogel

Junger Vogel auf dem Weg ins Leben.
Wilder Wind lockt, Freiheit ist kostbar.
Du sitzt im Käfig, sie sperren dich ein.
Gefangenschaft ist bitter.
Die Neugier bleibt.

Neugieriger Vogel auf dem Weg ins Leben.
Zarte Gefühle locken. Freiheit ist wichtig.
Sie stutzen dir die Flügel, lassen dich allein.
Zarte Gefühle gehen vorbei.
Einsamkeit macht Angst.

Ängstlicher Vogel auf dem Weg ins Leben,
Lebenshunger quält. Freiheit wird dringlich!
Verbote behindern dich. Lebenshunger versiegt.
Glück scheint unerreichbar.
Gleichmaß macht träge.

Träger Vogel auf dem Weg ins Leben,
Lahme Flügel sind schwer, doch du willst fliegen.
Der Wind ist dir fremd, du hast es verlernt.
Zu spät für die Freiheit.
Müdigkeit siegt.

Müder Vogel auf dem Weg nach Nirgendwo.
Stille Träume nimmst du mit.
Freiheit in deiner Seele.
Träume sind schön. Lassen dich singen.

Vergangenheit, Gegenwart, Zukunft.

Vor den Toren des Lebens der Traum.
Du zappelst im Netz der Gegenwart
und im Ozean deiner Seele ruht die Vergangenheit.
Keimende Zukunft hat noch kein Gesicht.
Lebensangst quält dich.
In den Wirren der Zeit suchst du Zuversicht,
denn in der Trostlosigkeit welkt das Leben.
Steh auf!
Sich ergeben heißt Selbstvernichtung.
Im Kampf kommt die Stärke
und überall wartet das Leben.
Aufkeimender Stolz – entstehendes Glück.
Dein Leben wird kostbar.

Welch eine Welt

Wenn es zur großen Begegnung aller Menschen käme,
wenn jeder dabei nur seine eigene Welt verstünde.
Wenn alle ein bisschen Respekt voreinander hätten,
Verantwortung eine Freude wäre
und Freude eine Selbstverständlichkeit.
Was für Tage stünden uns bevor!

Wenn es zur großen Begegnung aller Menschen käme.
Wenn jeder sich selbst vertrauen könnte.
Wenn alle aufeinander zugingen.
Wenn Verstehen aus der Liebe käme
und Liebe keine Fragen stellte.
Welch eine Welt hätten wir!

Wenn deine Seele Trauer trägt

Als ich ein Außenseiter war
und in allen Fettnäpfchen dieser Welt stand,
war ich müde geworden vom Gegenwind.
In dieser Zeit, mein Freund,
bist du gegangen.

Als ich eine Kranke war,
verglüht vom Lebenskampf,
schwach und verletzlich,
in dieser Zeit, mein Freund,
bist du gegangen.

Als ich gescheitert war,
am Ende meiner Verfehlungen
und schwankend in meinen Gefühlen,
in dieser Zeit, mein Freund,
bist du gegangen.

Aber wenn ich aufstehe,
gestärkt durch meine Erfahrungen,
wird deine Seele Trauer tragen.
In dieser Zeit, – mein Freund,
wirst du wiederkommen.

Solange

Solange dein Herz noch Feuer hat,
werden sie dich knechten,
dir aus dem Weg gehen
und deine Gefühle zerreden.

Solange deine Seele noch lebt,
werden sie über dich urteilen,
deine Nähe meiden
und dir Steine auf dem Weg sein.

Aber wenn sie dir einmal schmeichelnd
zu Munde reden,
dann sei besorgt,
denn sie fühlen deine Sterblichkeit.

Stilles Dorf im Abendwind

Stilles Dorf im Abendwind,
neugierige Blicke hinter den Gardinen.
Unerfülltes Leben.
Neidvolle Blicke zum Nachbarn.
Leblose Augen verfolgen seinen Schritt.
Niemand ahnt, was er tut.

Dämmerung über den Dächern,
hinter den Fenstern flüsternde Stimmen.
Leben erstickt im Neid.
Das Fremde ist immer der Feind.
Stilles Dorf im Abendwind,
lebst nur aus zweiter Hand.

Panik vor dem Nest

Es war Frühling über dem Land, als alle Vögel gerade dabei waren ihren Jungen, ein Nest zu bauen.

Fleißig schleppten die Männchen das Material zu den Bäumen, während alle Weibchen sich darum bemühten, es ihren Familien so behaglich wie möglich zu machen.

Einige der Vogelfamilien, die schon längere Zeit aus dem Süden zurück waren, hatten ihre Behausungen bereits fertig gestellt und fühlten, dass die Zeit der Ruhe und Besinnung gekommen war.

Fröhliches Gezwitscher klang aus den Nestern und auch die Vögel, die sich in der Luft begegneten, grüßten sich freundlich, denn sie waren auf dem Weg nach Hause.

Nur ein Dompfaff flog unruhig hin und her!

So, als ob er etwas suchen wollte.

-„He, weißt du nicht, wo dein Nest ist?", wollte der Spatz wissen.

„Nest", piepste der Dompfaff, „ich will kein Nest und überhaupt muss ich weiter!"

-„Aber die Zeit des Fliegens ist für dich vorbei, wie für uns alle. Es ist Frühling und die Jungen sind da.

Alles hat seine Zeit, auch du musst dich daran halten.

Komm auf ein paar Würmer zu uns und erzähle, warum du noch kein Nest hast!"

Unsicher setzte sich der Dompfaff auf einen Zweig, den die Spatzenfamilie als Veranda benutzte.

Dort saß auch schon eine Amsel, die den Nachbarbaum zum Nisten bewohnte und ihre Kinder bereits zu Bett gebracht hatte.
Auch das Rotkehlchen und die Elster kamen auf einen Plausch zu Spatzens herüber.
Sie hatten die Unterhaltung gehört und waren neugierig geworden.
Der Dompfaff fing an zu erzählen:
„Ich wollte nie ein Nest haben, weil ich Angst habe, darin festzusitzen.
Schon als Junges bin ich oft aus dem Nest gefallen, weil ich zu unruhig war."

„War Dein Nest nicht schön gebaut?", fragte die Amsel.

„Doch", sagte der Dompfaff,
„wir hatten zu Hause ein schönes Nest!"

„Vielleicht fehlte die Wärme?", meinte das Rotkehlchen.

„Vielleicht?", piepste der Dompfaff versonnen.

„Quatsch", kreischte die Elster „beim Fliegen ist es noch viel kälter!"
Zu fortgeschrittener Stunde kam die Schwalbe.
Sie galt in der Vogelwelt als Nestexpertin, denn sie hatte das schönste weit und breit, und das wärmste.

Sie kannte immer genau die Zeiten zum Bauen und wählte ihren Nistplatz sehr sorgfältig aus.
Der Dompfaff wollte schon wieder wegfliegen.
Es war ihm lästig, so lange auf einem Platz zu sitzen.
Da er aber die Schwalbe sehr nett fand, blieb er noch ein bisschen.
Der Spatz schilderte in kurzen Worten die Geschichte des Dompfaffs, und die Schwalbe antwortete mit einem freundlichen Lied:
„Mein Nest ist nicht schöner als eures, und es ist nach ein paar Generationen auch schon der Reparatur bedürftig.
Aber wir Schwalben haben eine goldene Regel, die wir all´ unseren Kindern mit auf den Weg geben.
Die will ich dem Dompfaff verraten:
Wenn die Zeit des Nistens gekommen ist und die Jungen klein sind, muss man ihnen ein Nest bauen.
Wenn sie heranwachsen, muss man ihnen das Fliegen lernen!"
„Das ist kein Geheimnis", grölte die Elster, „das machen wir alle!"
„Ja", sang die Schwalbe,
„aber das Wichtigste ist, wenn im Herbst die Zeit des Fliegens kommt und die Jungen in den Süden ziehen, dann sagen wir ihnen, dass sie wunderschöne starke Flügel haben und dass sie gut fliegen können!"
Verschämt blickte der Dompfaff auf seine Flügel.
Obwohl er dauernd unterwegs war, starke und schöne Flügel glaubte er nicht zu haben.
Und ob er gut fliegen konnte, wusste er selbst nicht.

Na ja, wenn man in Übung blieb.

Die Schwalbe erriet die Gedanken des Dompfaffs.

„Du hast Angst, wenn du zu lange in deinem Nest sitzt, könnten deine Flügel erlahmen.

Du hast das Gefühl, man hat sie dir früher gestutzt."

„Ja," piepste der Dompfaff,

„meine Eltern haben mir zwar auch ein schönes warmes Nest gegeben, und haben mir auch Flügel wachsen lassen, aber sie wollten nicht, dass mir starke Flügel wachsen.

Außerdem wuchsen ihnen meine Flügel zu schnell.

Sie haben sie mir immer gestutzt, glaube ich."

Auf dem Ast vor dem Spatzennest herrschte gespannte Stille.

Alle Vögel schauten auf den aufgeregten Dompfaff.

Die Schwalbe hob nun zu ihrem schönsten Lied an:

„Du bist so ein schöner Vogel, keiner hat dir je die Flügel gestutzt, sonst wären sie nicht so stark und kräftig.

Außerdem habe ich dich vorhin fliegen sehen und bin erstaunt, wie gut du fliegen kannst.

Du wirst überall hinfliegen können, wenn du es nur willst!"

Der Dompfaff spürte, dass die Schwalbe meinte, was sie sagte.

Und weil es schön für ihn war, blieb er noch eine Weile vor dem Spatzennest sitzen.

Er fand es auf einmal gemütlich und warm, so ein Nest zu haben, und fühlte sich gut dabei.

Als er wieder wegflog, hatte er viel stärkere Flügel als sonst.

Er würde nun Zweige sammeln und seinen Jungen ein Nest bauen.

Nun wusste er, wie gut er war.

Er musste sich und allen anderen nun nichts mehr beweisen.

Sein Nest, welches er baute, wurde das schönste und wärmste weit und breit.

Alle anderen Vögel kamen ihn gerne und oft besuchen und seine Jungen hatten schöne, kräftige Flügel.

Als der alte Dompfaff viel später auf dem Ast vor seinem Nest saß, wurde er oft von den Zugvögeln gefragt, was es denn sei, dass sein Nest so beliebt ist und warum er denn ein solcher Nesthocker geworden ist.

„Seit ich ein Nest habe," sagte er den Vorbeiziehenden, „fühle ich etwas, dass ihr alle noch nicht kennt, nämlich die totale Freiheit.

Die nämlich, hat nichts mit der Entfernung zu tun.

Die Freiheit braucht nicht viel Platz, ich habe sie in mir drinnen.

Ihr aber werdet sie da draußen nicht finden!"

Die Schwalbe zwinkerte dem alten Dompfaff schelmisch zu und sang ein Liebeslied.

Polarität

Ich suchte nach Ordnung
und fand die Zerstörung.
Erst in meiner Wut
keimte die Liebe.
Durch die Begegnung
mit meinen Untugenden
kam der Wunsch
nach Veränderung.
In glühender Hitze
ersehnte ich kühlende Frische.
Eisige Kälte erst
weckte den Wunsch nach Geborgenheit.
In tiefer Not und Gefangenschaft
fühlte ich die Ewigkeit.
Blindheit öffnete mir die Augen.
Hinabgestürzt in die Tiefe,
überraschte mich die Macht des Gebets.

Schlafendes Dorf

Schlafendes Dorf
- du kannst nichts für deine Menschen,
so, wie ein Glas nichts für den verdorbenen Wein kann.

Träumendes Dorf
- sie haben Angst vor deinem Erwachen,
weil sie sich dann messen müssen am Leben.

Verzweifeltes Dorf
- trügerisch friedlich erstickt die Lebendigkeit,
wenn du je aufwachst, werden sie dich töten.

Blühendes Dorf
- wenn du alle unter dir begraben weißt,
umspielt die Angst deine Wurzeln.

Du wirst nie wieder schlafen.

Totenstille im Dorf

Totenstille im Dorf,
keiner sah das Blut im Abendrot.
Niemand achtete auf des Käuzchens Ruf.
Der Wind wollte etwas sagen,
doch wer hört schon hin?

Schweigen über den Dächern,
alle fühlen die Enge.
Jeder weiß um seine Ohnmacht.
Der Wind hätte es längst gewusst.
Er singt das Abschiedslied.

Um zwei wird noch geweint,
die anderen sind vergessen.
Die Angst geht um,
doch keiner kennt ihren Namen.
Einer wird heute noch gehen.

Überall habe ich gesucht

Ich liebe, ich lebe,
meinetwegen sterbe ich auch.
Vielleicht, um zu erfahren,
ob es irgendwo eine Liebe gibt,
die meiner ähnelt.
Überall habe ich gesucht.
Ich habe nur Worte gefunden,
die der Liebe schmeicheln.
Aber nicht ein einziges,
das sie beschreiben kann.

Was bist du

Du willst ja helfen
und spendest Geld.
Sitzt in der Kirchenbank
und fühlst dich als Held.
Jeden daneben
nennst du Prolet.
Ich frage dich,
wem gilt dein Gebet?

Die anderen Menschen,
du hältst sie für schlecht.
Dein Konto, dein Auto,
sie geben dir recht.
Versaute Gestalten
lässt du nicht herein.
Du hast es verdient,
alleine zu sein.

Was wolltest du noch?

Was wolltest du eigentlich noch?
Leben? Aber du hast nie damit angefangen!
Leben heißt Aktion und Reaktion,
und du hast nur das Reagieren gewählt.
Immer wenn du sagtest:
„Ich kann nicht, und ich will nicht",
hat dich das Schicksal zum Tanz gezwungen.
Du müsstest schon reif sein wie eine Ähre,
kurz vor dem Einbringen.
Stattdessen hängst du kümmerlich
an einem dünnen Halm,
und keiner will dich ernten.
Lebe endlich,
denn leichter wird es nie.

Zusammensein

Wenn du einem Menschen gehörst,
gehört er auch dir.
Manchmal.

Wenn du der Welt gehörst,
gehört sie ganz dir.
Immer.

Zeit

Eine ganze Weile
hast du mit mir verbracht.
Wir haben zugesehen,
wie die Zeit
alle Hoffnungen zertrat.
Falsch gemacht haben wir nichts.
Vielleicht haben wir auch nichts versäumt.
Tausend Nächte haben wir uns geschenkt.
Aber keiner hatte für den anderen
auch nur einen Tag übrig.
Unsere Blicke spiegeln die Leere
vergangener Jahre.
Ich wollte eigentlich in deinen Augen
die Fülle der Zukunft sehen.

Flügel für die Wahrheit

Am Fuße eines Gletschers, irgendwo auf dieser Erde, gab es einen Fleck, da war die Welt noch in Ordnung. Bewohnt wurde dieses Gebiet von kleinen Wichtelmännchen.
Diese zwergähnlichen Gestalten hatten die wichtige Aufgabe, die Wahrheit zu beschützen.
Als Werkzeug hatten sie eine riesige Glaskugel und einen großen Korb voll Tarnkappen.
In dieser Glaskugel spiegelte sich die ganze Menschheit wieder, und man konnte genau sehen, wo überall in der Welt gelogen wurde.
Die Tarnkappen allerdings hatten mehrere Funktionen. Sie konnten die Wichtel unsichtbar machen, und sie konnten diese kleinen Männlein direkt in das Gewissen der Menschen hineinschleusen, wo sie ihren wichtigen Aufgaben mit viel Eifer und Fleiß nachkommen sollten.
Zu Hause in der Glaskugel konnten die anderen Wichtelmännchen nachkontrollieren, ob die Aktion erfolgreich war, oder nicht.
Wenn nämlich ein Mensch behandelt worden war, sah man als Zeichen des Erfolges einige Veränderungen an ihm.

Einige bekamen einen roten Kopf, andere fingen an zu stottern oder bewegten sich unsicher.
Viele wurden sogar krank.

Dies alles waren untrügliche Zeichen dafür, dass es noch Hoffnung gab für die Wahrheit und dass die Mühe der Wichtel sich gelohnt hatte.

Aber die Arbeit dieser kleinen Kerle wurde immer schwerer, denn schon seit Jahren waren viele ihrer Missionen erfolglos verlaufen.

Zumal die meisten Menschen gar kein Gewissen mehr hatten, oder, was noch viel schlimmer war, die Menschen hatten sich die Wahrheit so zurechtgebogen, dass es für sie keine Lügen mehr gab.

Also hatten sie immer ein reines Gewissen und konnten so leben, wie es ihnen Spaß machte.

Das wäre aber auch nicht das Schlimmste, und man hätte es dabei belassen können, wenn da nicht die Menschen gewesen wären, die es mit der Wahrheit doch sehr genau nahmen.

Denen wurde oft von den anderen weh getan, weil sie deren Wesen nicht verstehen konnten.

So hatten die Wichtel am Fuße des Gletschers immer mehr zu tun und immer weniger Freude an ihrer Arbeit.

Sie schafften Berge von echter Wahrheit unter die Menschen, die diese aber gar nicht ernst nehmen wollten, weil sie ihre eigene Wahrheit lieber mochten.

Es war in der Glaskugel auch nicht mehr zu erkennen, welche Menschen als lohnendes Ziel betrachtet werden konnten.

Die Menschen hatten so viel zu tun, dass sie gar nicht an Dinge, wie die Wahrheit, dachten.

Da gab es die, die schon aus Zeitmangel perfekt zu lügen gelernt hatten.

Es gab die, die ihre Lügen so umfrisierten, dass sie schon wieder zur Wahrheit wurden.

Und es gab die Wahrheitsfanatiker.

Sie missbrauchten das letzte bisschen Wahrheit, um es zu zerreden.

Sie liebten nur die brutale Wahrheit, mit der man andere verletzen konnte.

Schon wollte man den Zwergenstaat auflösen, weil alles so entmutigend war.

Bis der Wichteloberst eines Abends, als er seinen letzten Rundgang um die Glaskugel machte, eine wichtige Entdeckung machte.

Da saß, in einer Ecke gekauert, ein kleines Mädchen, das weinte. Es hatte etwas mit einer Lüge zu tun, das sah man ihr an.

Schnell zog der Wichteloberst seine Tarnkappe an, und machte sich auf in das Gewissen des Mädchens.

Er verhielt sich ganz still, um die Gedanken des Mädchens zu erraten.

Und als er alles verstanden hatte, kam er auf eine großartige Idee.

Er zog sich blitzartig zurück an den Gletscher und versammelte alle seine kleinen Mannen um sich.

„Da unten sitzt jemand," sprach er,

„dem die Wahrheit wie ein Kloß im Halse sitzt. Es ist jämmerlich. Eine böse Wahrheit kann man nicht aussprechen, wenn man jemanden mag. Darüber haben wir die ganze Zeit nicht nachgedacht.

Und eine Lüge, die würde einen roten Kopf machen.
Wir müssen an die Arbeit!"
Der Wichteloberst hatte alle mit seiner Begeisterung
angesteckt.
„Was sollen wir tun?",
hallte es durch das Tal.
„Wir müssen der Wahrheit Flügel geben!", sprach der
Wichtelchef.
„Flügel?" Die Wichtel verstanden ihn nicht.
„Ja, Flügel!", wiederholte der Anführer.
„Seit Menschen leben, haben die Gedanken Flügel und
treffen sich immer genau bei den Menschen, wo sie am
besten aufgehoben sind.
Warum soll nicht auch die Wahrheit Flügel haben?
Seht mal, man bräuchte keine harten Worte mehr, man
müsste auch nicht eine eigene Wahrheit so lange
umgestalten, bis es schon wieder gelogen ist.
Es wäre einfach herrlich. Die Menschen würden sich
gegenseitig in die Augen schauen, und die Wahrheit
würde unausgesprochen ihr Ziel anfliegen.
Kein Wort würde mehr verletzen, keiner müsste mehr
lügen!"
Die Begeisterung im Wichtelstaat hatte längst ihre
Grenzen überschritten.
Einige hatten schon Nadel und Faden in der Hand, und
waren bereits an der Arbeit.
Jedes Körnchen Wahrheit, dass irgendwo gefunden
wurde, bekam Flügel angenäht.
Nach einigen Tagen konnte es losgehen.

Sie schütteten die beflügelte Wahrheit über die ganze Menschheit aus und warteten gespannt vor ihrer Glaskugel auf die Reaktion der Menschen.

Die aber konnten noch immer nichts mit der Wahrheit anfangen.

Wenn sie nun auch Flügel hatte, so war ihnen ihre eigene Wahrheit doch bequemer.

Dann aber sah man, wie einige der Flügelchen nun doch von der Menschenmenge aufgenommen wurden.

Gespannt wurde das Geschehen beobachtet.

Da, wo die Menschen die Wahrheit aufgenommen hatten, waren dünne Fäden zwischen ihnen gesponnen, die man aber nicht sehen, nur fühlen konnte.

Wie ein unsichtbares Netz welches sich über die ganze Erde hinzog.

Alle Menschen, die die echte Wahrheit kannten, waren durch dieses unsichtbare Netz miteinander verbunden.

Sie spürten sich einfach.

„Schaut mal", rief ein kleiner Wichteljunge,

„sie haben alle das gleiche Leuchten in den Augen.

Es ist nicht nur das gleiche, es ist dasselbe Leuchten.

Es gibt nur dieses Leuchten!"

„Ja", mischte sich der Wichteloberst ein,

„es ist das Leuchten der Wahrheit, die Flügel bekommen hat!"

Zwei Wege

Zwei Wege,
einer bringt Genugtuung,
der andere bringt Freude.
Dir bringt die Genugtuung Freude.
Kurzfristiges Glück.
Freude hält Genugtuung für überflüssig.

Wie ein Buch

Das Leben ist wie ein Buch,
das ich bei jedem Lesen weniger verstehe.
Ich lese es immer wieder,
in dem festen Glauben,
das Unverständnis zu beseitigen.
Jedesmal halte ich es etwas länger aus.

Wut

Du schreist mich an.
Dein Blick ist böse.
Immer wieder sagst du mir,
dass du mich nicht sehen willst.
Meine Gegenwart macht dich rasend.
Nur deine Gedanken streicheln mich.
Immer wieder.
Es tut mir gut.

Das zerrissene Herz

Vor sehr langer Zeit, es kann auch heute oder morgen gewesen sein, gab es einmal eine Geschichte.

Zugetragen hatte sie sich in einem abgelegenen Dorf, oder in einer lauten großen Stadt.

Vielleicht aber auch überall.

Da kam ein kleiner Junge mit einem großen Herzen zur Welt.

Alle mochten ihn, denn wer ein großes Herz hat, ist gut.

Nur, was die Leute nicht wussten und dieser kleine Junge immer deutlicher spüren sollte, war, dass etwas Großes auch meistens schwer zu tragen ist.

Genauso war es mit seinem Herzen.

Es wurde immer schwerer. Menschen mit großen Herzen finden auch selten jemanden, der ihnen hilft zu tragen.

So geschah es, dass der geplagte Junge eines Tages anfing, immer ein kleines Stück von seinem Herzen zu verschenken.

Überall traf er Leute, die sich über ein Stückchen von seinem Herzen freuten.

Darüber hinaus wurde es ihm auch viel leichter, durch sein Leben zu wandern.

Denn er hat ja nicht mehr so viel mit sich zu tragen.

Nur richtig glücklich war der Junge nie.

Eines Tages traf er im Wald eine kleine Hexe, die schon einen Buckel hatte, weil sie auch so ein großes und schweres Herz mit sich trug.

Die beiden mochten sich, denn Menschen mit der gleichen Herzgröße sind immer miteinander verwandt.
So geschah es, dass die unerfahrene Hexe es dem Jungen nachmachen wollte.
Sie wollte auch ihren Ballast abwerfen und schenkte ihm ein Stück von ihrem schweren Herzen.
Der Junge bedankte sich seinerseits, indem er der Hexe auch ein Stück von seinem Herzen gab.
So hatten die beiden eigentlich nichts verloren.
Denn als sie sich wieder getrennt hatten, war die Größe ihres Herzens gleich geblieben.
Es war aber verwunderlich für beide, dass ihre Herzen trotz der unveränderten Größe an Schwere verloren hatten. Beide hatten ein bisschen Glück verspürt, aber es war nicht annähernd das, was sie suchten.
Da dieses kleine Glück für die Hexe aber wenigstens etwas war, begann auch sie Stücke von ihrem Herzen zu verschenken.
Manchmal geschah es auch, dass sie gar kein Stück Herz verschenken wollte, und die Menschen kamen einfach und rissen es ihr aus.
Irgendwann hatte auch sie soviel Herz verschenkt wie dieser Junge, und sie fühlte sich sehr leicht, aber nicht glücklich.
Durch die vielen herausgerissenen Stücke war der Rest des Herzens wund geworden und tat sehr weh.
Sie hatte das Gefühl, an der Stelle, wo einmal ihr Herz war, wäre nur noch ein Klumpen rohes Fleisch übrig.
Das war sehr schmerzhaft.

So beschloss sie eines Tages, den Hexenrat
aufzusuchen, um zu fragen, was zu tun sei.
Aber auch dort wollte sie keiner anhören.
Denn Hexen, die Herzen verschenkten, waren keine
richtigen Hexen, und schon gar nicht die mit soviel
Herz für viele Menschen.
Sie wurde verjagt und verschmäht.
Mit ihrem wunden Herzen und ihrer letzten Kraft
schlich sie sich unter die Menschen. Sie wollte wissen,
wie die es halten mit den Herzen.
Sie kaufte sich schöne Kleider und Schmuck, damit sie
nicht so auffiel.
Denn keiner sollte sehen, dass sie ein wundes Herz
hatte, und schon gar nicht, dass es einmal zu groß war.
Unter den Menschen war keiner, der etwas von Herzen
verstand.
Nur eine alte Frau, die gerade in einer Mülltonne nach
etwas essbarem kramte, rief der alten Hexe zu:
„He, du, das Zeitalter der Herzen ist vorbei. Heute
wollen die Menschen nichts davon hören.
Es ist zur Zeit töricht, über Herzensangelegenheiten zu
reden, man wird dich auslachen!"
Die Hexe erschrak.
Sie gab der alten Frau ein Stück Brot und wollte ihr
auch ein Stück von ihrem Herzen dazugeben, weil sie
es so gewohnt war.
Aber die alte Frau lehnte ab:
„Was machst du da? Ich will kein halbes Herz und auch
kein Stück, das bringt nur Unglück!"
„Verstehst du etwas von Herzen?", fragte die Hexe.

Die alte Frau verschluckte sich gierig an dem Stück Brot und begann dann zu erzählen:

„Natürlich bin ich auch nicht zufrieden, weil ich mein ganzes Herz für mich behalten habe, ich hätte es viel früher verschenken sollen, dann hätte ich vielleicht auch eines bekommen und wäre glücklich geworden!"
Die kleine Hexe war ganz durcheinander und verstand überhaupt nichts mehr.

„Aber ich habe fast mein ganzes Herz verschenkt und bin auch unglücklich", jammerte sie der alten Frau vor, „was ist denn nur richtig?"
Die Alte legte ihre Hände in den Schoß und blickte die kleine Hexe ernst an.

„Du hast dein Herz fast verschenkt, ich habe mein Herz behalten. Glück bringt es nur, wenn man ein ganzes Herz verschenkt, oder wenn man ein ganzes als Geschenk bekommt. Geschenkte Herzen tragen sich ganz leicht, sie drücken nicht und sind auch keine Last. Aber Stücke oder halbe Herzen, das ist, als ob Wunden verschenkt würden. Auf die Dauer macht das unglücklich. Und überhaupt, was sollen die Menschen mit einer kleinen Wunde. Das tut ihnen nur weh, so etwas verschenkt man nicht!"
Die Hexe begann zu begreifen. Sie dachte zurück an die Zeit, die sie mit dem Jungen verbrachte.
Von ihm hatte sie auch ein Stück Herz bekommen.
Und immer, wenn sie es genau betrachtete, dann spürte sie das, was ihr die alte Frau eben bestätigt hatte.

Es war viel leichter zu tragen als ihr eigenes. Aber es tat auch ein bisschen weh. Ihr eigenes zerrissenes Herz tat auch weh.

„Was soll ich nur tun, alte Frau?", bettelte die Hexe!

„Du musst nun ausziehen, um dein Herz zu suchen!"

„Aber", stöhnte die Hexe, „das geht nicht! Die Menschen werden es nicht wieder hergeben wollen, und überhaupt, geschenkt ist geschenkt!"

Die alte Frau beruhigte die Hexe:

„Du wirst sehen, dass es geht. Kein Mensch kann etwas mit einem Stückchen Herzen anfangen. Sie werden es dir gerne wiedergeben. Manche werden es sogar vergessen haben, und du wirst es auch suchen müssen. Achtlos in eine Ecke geworfen, wirst du es finden. Aber geh nur und vergiss auch nicht ein kleines Stück. Und wenn du an einem Ort länger verweilt hast, dann lass dort nie etwas zurück, was nur ein bisschen mit deinem Herzen zu tun haben könnte.

Keine Träume, keine Gefühle und schon gar nicht ein halbes Herz. Wenn du etwas zurücklässt, dann machst du den Ort und die Menschen unfrei.

Wenn der Tag kommt, an dem du dein Herz wieder zusammen hast, dann vergiss nicht das Wichtigste: Du musst dir sehr viel Zeit lassen, bis alle Wunden verheilt sind. In dieser Zeit darf kein Mensch dein Herz berühren. Damit alte Wunden nicht zu früh aufgerissen werden. Und wenn es ganz heil ist, dann wirst du einem Menschen begegnen, dessen Herz genau die gleiche Größe hat wie deines. Diesem Menschen schenke es ganz. Aber es darf nicht mehr wund sein, und es muss im Ganzen sein, dann wirst du glücklich werden!"

Die Hexe war ganz verstört.

„Ich soll mein Herz wieder holen und dann wieder verschenken? Das mache ich nicht.

Jetzt habe ich wenigstens noch ein Stück, dann habe ich keins mehr."

Wiederum beschwichtigt die alte Frau das Mädchen.

„Jeder, der einmal im Leben ein ganzes Herz verschenkt, der bekommt auch ein Herz, das ganz ist, zurück, und zwar in der gleichen Größe. Und du weißt, nur geschenkte Herzen sind leicht zu tragen.

Wenn alle Menschen sich daran halten würden, wäre alles gut.

Denk´ mal darüber nach. Es ginge genau auf.

Jeder hätte dann ein geschenktes Herz."

Die Hexe begriff. Sie gab der alten Frau alles, was sie noch hatte, auch ihr letztes Brot und ihre guten Gedanken.

Aber alles, was in ihr lebte, nahm sie mit, auch ihr zerstückeltes Herz.

„Gut so," sagte die Alte, „es kann dir nichts mehr geschehen auf dieser Welt. Dein Weg wird schwer werden, aber du hast verstanden. Und wer versteht, der wird auch verstanden werden. Geh und hole dir dein Glück!"

Die Hexe bückte sich noch einmal, denn sie hatte einen Traum fallen lassen.

Den hob sie schnell auf und nahm ihn mit.

Es war der Traum von einem Jungen, von dem sie ein Stück Herz bekommen hatte.

Sorgfältig wickelte sie dieses Stück Herz in ihre Träume und deckte es mit guten Wünschen zu.

Denn auch dieser Junge würde eines Tages kommen und ein Stück Herz zurückhaben wollen.

Sie wollte es ihm unbeschadet zurückgeben.

Sie müsste ihm sowieso begegnen, denn auch er hatte ein Stück Herz von ihr.

Da sie eine Hexe war, wusste sie plötzlich alles genau, was noch kommen würde.

Sie würde immer wieder allen Menschen begegnen, die ein Stück Herz von ihr hatten. Das ist im Leben so.

Beim Einsammeln ihrer Herzstücke war die Hexe oft traurig, denn die Menschen waren fast alle achtlos damit umgegangen.

Es würde eine sehr lange Zeit dauern, bis alles wieder zusammengewachsen und heil war.

Aber sie wollte geduldig sein und die Ratschläge der alten Frau befolgen.

Vor allen Dingen aber wollte sie einmal glücklich sein.

Irgendwann hatte sie alle Stücke zurückgeholt und lebte sehr zurückgezogen, um ihre Wunden heilen zu lassen.

Nur das Stück von dem Jungen fehlte noch.

Immer wieder holte sie das Stück Herz, wickelte es aus ihren Träumen und setzte es in die Lücke hinein, weil sie beide die gleiche Herzgröße hatten.

Nur es war eben nicht ihr Herz und auch nicht sein Herz das ganz war, und zwischendrin die Wunde konnte auch nicht heilen. Sie wickelte das Geschenk wieder sorgfältig in ihre Träume und nahm sich fest vor, es diesem Jungen wiederzugeben.

Lange Zeit war verstrichen und viele ihrer Wunden waren schon ganz geheilt, als sie dem Jungen begegnete.

Er hatte sein Herz inzwischen ganz zerrissen und war immer noch dabei Stücke davon an die Leute zu verschenken.

Das machte die Hexe sehr traurig.

Dennoch verspürte sie einen wunderbaren Frieden.

Der Junge hatte das Stück Herz von ihr genauso sorgfältig in seine Träume eingewickelt und er hatte es unversehrt wieder mitgebracht.

Es würde nun ganz schnell alles wieder gut werden.

Vielleicht, so dachte sie, könnte sie dann ihr ganzes Herz dem Jungen schenken, denn es hätte die gleiche Größe.

Und irgendwann, dachte sie, würde auch er seine Stücke wieder einsammeln.

Dann hatte er auch wieder ein ganzes, heiles Herz.

Wer weiß, vielleicht bekäme sie es auch geschenkt?

Viel Geduld würde sie haben müssen und lange Zeit warten.

Zunächst aber würde die Übergabe der beiden Herzstücke stattfinden.

Dann wollte sie überlegen, ob sie ihm ihr ganzes Herz schenken soll.

Vorab aber müsste sie ihm erzählen, wie das mit Herzen so ist.

Außerdem wollte sie, dass es auf der Welt wieder ein Zeitalter der Herzen gäbe.

Die Menschen sollten wissen, wie sie glücklich werden können.

Sie hatte noch viel vor.

Der Junge und die Hexe verlebten wunderbare Tage miteinander.

Sie gab ihm sein Stück Herz zurück, und sie würde ihn auch bitten, dass er das ihrige Stück frei gibt.

Doch als die Rede darauf kam, hätte sie fast den Rest von sich an ihn verloren. Das durfte nicht passieren.

Erst wenn sie doch alles wieder ganz hätte, könnte sie sich verlieren.

Dann musste er sein Geschenk erst wieder zurückgeben.

Stattdessen gab er ihr etwas ganz anderes.

Er riss aus seinem ohnehin schon wunden restlichen Herzen ein kleines Stück heraus und schenkte es ihr.

Dann zog er weiter, um den letzten Rest zu verschenken.

Die Hexe aber blieb zurück und wusste, eines Tages würde er ihr wieder begegnen.

Dann hatte er selbst zwar kein Herz mehr, aber sie hatte ja noch zwei wunde Stücke von ihm, und solchen Menschen begegnet man im Leben immer wieder.

Wie die Geschichte ausgegangen ist, wurde nie bekannt.

Aber es wurde immer wieder berichtet von einem
Jungen, dem ein Herz geschenkt wurde, welches leicht
und rein und ganz war.
Außerdem solle es irgendwo eine Hexe geben, die sehr
glücklich sei, auch mit einem geschenkten ganzen
Herzen.
Es ist nicht auszuschließen, dass es sich um die beiden
aus dieser Geschichte handelt.
Dann allerdings müssten sie sich noch einmal
irgendwann begegnet sein.

Dein Tod

Ich nehme Abschied von deinem Körper,
von zärtlichen Händen und weicher Haut.
Von deiner vertrauten Stimme.
Hass, Wut und Schuldgefühle
gesellen sich zur Trauer.
Erinnerung an gesagte
und ungesagte Worte,
deren Wichtigkeit
ich jetzt erst begreife.
Loslassen und Habenwollen,
Kriegenkönnen und Kontrolle.
Wer hätte es je gelernt?
Abschied vom Warum und Wieso,
von tausend offenen Fragen.
Zulassen, was an Leben bleibt.
Der Auftrag des Todes an mich,
weiterzuleben.
Ich berühre die Erde über dir,
sie wird dich annehmen,
wie ich dich angenommen habe.
Der Himmel verliert keinen.

<u>Wenn...</u>

Wenn ich einmal zuviel rede,
dann habe ich wohl nichts mehr zu sagen.

Wenn ich einmal schweige,
dann ist es die Angst, mich zu verraten.

Wenn ich einmal zu laut lache,
dann verberge ich meine Traurigkeit.

Wenn ich einmal resigniere,
dann, weil ich die Fülle der Dinge nicht sehe.

Wenn ich einmal gehe,
dann laufe ich nicht weg, sondern hin zu dir.

Wenn ich einmal hassen sollte,
dann nur, weil ich selbst versagt habe.

Wenn der Baum ein Lied singt

Singt der Baum sein Lied,
hörst du es nicht,
aber wenn du singst,
freut sich der Baum
und gibt dir Schatten.
Wenn du vergangen bist,
steht er immer noch dort,
und du gibst ihm
mit deinem Körper
Nahrung.

Wahrheit

Erwartungsvoll sitze ich am Telefon.
Er wollte doch schon vor einer Stunde anrufen.
Kalter Schweiß bedeckt meine Handflächen.
Scheußlich dieses Warten. Warum hält er nicht Wort?
Gerade jetzt hatte ich den Mut, ihm alles zu sagen.
Vor meinen zitternden Händen
ein voller Aschenbecher.
Um mich herum leere Flaschen.
In mir Hektik und Unruhe.
Da endlich – es läutet. Ich lasse es fünfmal klingeln,
während wohlige Wärme in mir aufsteigt.
Dann nehme ich den Hörer ab und sage mechanisch:
„Ach du bist es?
Ich habe schon ein bisschen geschlafen!"

Wahnsinn

Wahnsinn –
Du hebst ab, aus Angst vor Prügel.
Unsinn –
denn du trägst die falschen Flügel.
Freiheit –
doch die Lüge deckt sie zu.
Wahrheit –
denn der Preis dafür bist du.
Das Leben lässt sich nicht betrügen,
lern mit der Seele richtig fliegen.

Umweg

Du gibst dich als Mann,
doch was verbirgt sich hinter dir?
Ein kleiner Bruder, der sich anlehnen will?
Deine Schwäche ist fühlbar.

Du gibst dich als Vater,
doch was verbirgt sich hinter dir?
Verletzte Männlichkeit, die berühren will?
Dein Verlangen ist greifbar.

Du gibst dich als Freund,
doch was verbirgt sich hinter dir?
Ist es Dominanz, die unterdrücken will?
Herrschsucht ist durchschaubar.

Jetzt kommst du als Kind.
Doch wer bist du wirklich?
Bleib bei dir selbst.
Masken sind zerbrechlich.

Urteil

Wenn du
über andere urteilst,
erzählst du
viel über dich selbst.
Was dir
an ihnen nicht gefällt,
ist das,
was du nicht lebst.
Was du
an ihnen nicht ertragen kannst,
sind deine
eigenen Schatten
oder das,
was du immer tun wolltest
und nie geschafft hast.

Suche nach dem Tod

Wenn dein Kopf nicht lebt
und die Seele bebt,
wenn der Schmerz dich küsst,
dich ein Freund vergisst,
siehst du nur die Not
und du gehst auf die Suche
nach dem Tod.

Wenn die Angst dir trotzt,
dich die Welt ankotzt,
wenn dein Blick sich trübt,
weil dich keiner liebt,
fühlst du dich bedroht
und du gehst auf die Suche
nach dem Tod.

Wenn es schmilzt, – dein Eis
und es schließt kein Kreis,
wenn nichts in dir klingt,
keiner mit dir singt,
siehst du nur noch rot
und du gehst auf die Suche
nach dem Tod.

Wenn die Neugier quält
nach der anderen Welt.
Zeit und Raum sind eins,
Leben siehst du keins.
Bist du dann im Lot,
Suchst nie wieder nach dem Tod.

Selbst der Teufel schläft

Man hat dich gejagt, gehetzt und ausgegrenzt,
verspottet und missbraucht stehst du vor mir.
Tief in deiner Ohnmacht und Wut,
unter deiner Zerrissenheit
tobten die Gegenpole.
Nach außen kaum erkennbar,
fühlt man Wärme in deiner Nähe.

Im Glauben an das Gute in dir
öffne ich mutig meine Schleusen.
Brodelnde Gewalt erdrückt mich.
Eine wahnsinnige Erfahrung
macht man nur mit einem
wahnsinnigen Menschen.
Auf einer Wahnsinnsebene.
Wie Lava fließt die Angst in mir.

Das Böse greift immer wieder nach dir.
Es erschreckt mich, wie vertraut es dir ist.
Angestaute Gefühle quellen über,
spülen alle Vernunft beiseite.
Nicht einen Moment kann ich sie kosten.
Ein Feuerwerk von Gewalt.
Und selbst der Teufel schläft.

Sehnsucht

Es ist schön, geliebt zu werden,
es zu hören und zu spüren.
Hände zu fühlen
das Ja zu hören,
auf das man gewartet hat.

Doch es ist schöner, selbst zu lieben.
Das Auf und Ab der Gefühle.
Tausend Fragen und Zweifel.
Wenn man spürt, wie sehr man noch lebt.

Der Freund des Fischers

Es war ein ganz besonderer Sommerabend:

Die Sonne war müde geworden von einem langen
anstrengenden Tag.
Langsam ließ sie sich ins Meer gleiten.
Zu ihrem Abschied nahm der Horizont noch einmal
ihre glutrote Farbe an, so als ob er sich nicht an die
Nacht abgeben wollte.
Gleichzeitig hatte das Meer zur Begrüßung der Nacht
die silberne Farbe des Mondes angenommen.
Und als das Rote des Abschieds sich mit dem Silber des
Beginnens mischte, tanzten Tausende von guten und
bösen Wassergeistern auf dem Meeresspiegel.
Sie tanzten ihren schönsten Tanz.
Immer, wenn ein guter Geist mit einem Bösen
zusammen tanzte, ging es darum, den anderen auf seine
Seite zu gewinnen.
Das hatte eine ganz besondere Erotik.
Unzählige kleine Blitze mischten sich zwischen das Rot
des Himmels und die silberne Oberfläche des Meeres,
bis die Sonne endgültig aufgab und tief im Meer
versank.
Die Nacht war gekommen.
Oft hatte der alte Fisher dieses Schauspiel mit
angesehen, und immer wieder fand er keine Ruhe, bis
vor ihm nur noch die silberne Oberfläche des Meeres
unter dem Sternenhimmel glitzerte.
An diesem Abend aber war er nicht alleine.

Er hatte seinen Freund mitgenommen und beide teilten sich diese sonderbar schöne Stimmung.

Schweigend warfen sie nun ihre Netze aus und jeder hing dabei seinen Gedanken nach.

Nach getaner Arbeit fragte der Freund den Fischer: „Du weißt, wie man Fische fängt, wie aber gewinnt das Gute nun das Böse und umgekehrt? Sie tanzen alle den gleichen schönen Tanz!"

Der Fischer überlegte lange, bevor er antwortete.

„Weißt du, ich glaube, das ist genauso wie bei den Fischen. Das Böse, mein Freund, ist eigentlich nur der Hunger, der gestillt werden will.

Wenn die Fische sehr hungrig sind, können sie nicht mehr unterscheiden zwischen einem Köder und der Nahrung, die ihnen von der Natur gegeben ist.

Bei den Geistern eben war es genauso.

Es war kein Kampf, was du eben gesehen hast.

Sie haben sich einander beim Tanzen angeboten.

Und die Hungrigsten unter ihnen konnten nicht unterscheiden, auf welcher Seite sie waren.

Sie haben einfach genommen, was vor ihnen stand.

„Und wer hat gewonnen?", fragte der Freund.

„Das Gute gewinnt immer, du siehst, was mit den Fischen passiert, die den Köder mit ihrer Nahrung verwechseln. Bei den Wassergeistern eben war es ähnlich. Ich werde dich morgen wieder mit hinaus aufs Meer nehmen, dann kannst du es genauso sehen."

Als sie am nächsten Abend dem gleichen Schauspiel gegenüberstanden, glaubte der Freund ganz deutlich zu sehen, was der Fischer meinte.

Dort, wo Gutes zum Guten kam, gab es ein ganz helles Licht, welches blieb.

Manche Lichter, die genauso hell aufblitzten, erloschen aber sofort wieder.

Andere funkelten unschlüssig in allen Farben dem ungewissen Ausgang entgegen.

Der Fischer erriet die Gedanken seines Freundes.

„Es ist nicht ganz so, wie du meinst! In allem, was lebt, ist das Gute und das Böse. Etwas ganz Gutes oder Böses gibt es nicht.

Was du siehst, ist richtig. Nur sie kommen jeden Tag wieder, um den Menschen zu zeigen, wie es ist. Es ist nur ein Schauspiel, das uns Zeichen geben soll.

Die Wassergeister leben ewig, die Fische nicht.

Das ist der Unterschied.

Für die Menschen führt die Natur ihren Tanz auf, damit wir erkennen und lernen, wie wir leben sollen!"

„Und wie ist es bei den Menschen?", fragte der Freund.

Der Fischer machte ein nachdenkliches Gesicht.

„Wenn ein Mensch innerlich ausgebrannt und leer ist, dann ist sein Hunger nach dem Leben am größten. Er kann dann wie die Fische nicht mehr unterscheiden, was gut und böse ist.

Die Nahrung, die er zum Leben braucht, gleicht auch dem Köder, den das Verderben hinwirft!"

Der Freund zitterte. „Mir wird Angst!", flüsterte er.

„Du brauchst keine Angst zu haben", beruhigte ihn der alte Fischer. „So, wie jetzt gleich die Sonne am Horizont aufsteigt und die Nacht besiegt, so wird auch regelmäßig das Gute über die Menschheit siegen.

Jeder Tag ist für die Menschen eine Gelegenheit,
wieder neu anzufangen!"
„Aber wenn ein Mensch den Köder des Verderbens
schon geschluckt hat?" Der Freund wurde immer
unruhiger.
„Das ist das Schicksal der Schwachen!", flüsterte der
alte Fischer.
„Wenn du nur ein bisschen Gutes in dir hast, werden
sie sich erkennen. Die Guten werden um dich kämpfen.
Sie werden den Köder vernichten.
Dein Gutes liebt nämlich das Gute um dich herum.
Solch eine Verbindung bleibt und siegt, auch wenn du
es gar nicht merkst. Wenn du ganz ausgehungert bist,
wird es kommen und wird dich sättigen mit Liebe und
Freude.
Du aber, mein Freund musst etwas ganz wichtiges
dazutun.
Du musst mir glauben."
Während nun die beiden Männer schweigend in ihrem
Boot saßen, kam wie jeden Morgen die Sonne aus dem
Meer, und kraftvoll tauchte sie alles in einen goldenen
Schimmer.
Für den Freund des alten Fischers hatte sie heute einen
ganz besonderen Glanz.
Er spürte die Kraft ihrer Strahlen, und die Macht, mit
der sie das Dunkel einfach wegwischte, gab ihm
Hoffnung.
Ein tiefer Glaube erfasste ihn und garantierte ihm ein
reiches und glückliches Leben.

Der Straßenmann

In allen Geschichten des Lebens gibt es das kleine Haus
am Meer mit den vielen Blumen und Tieren im Garten.
Darin wohnt der Straßenmann.
Er kennt alle Träume und Kümmernisse der Menschen
und jeder war schon einmal hier, um sich bei ihm Rat
und Trost zu holen.
Sein Beruf ist es, Straßen zu verteilen.
Immer, wenn ein Mensch auf die Welt kommt, holt er
sich bei diesem Mann die Straße, die er im Leben
gehen möchte.
Nun, das ist nicht ganz so einfach für den alten Mann.
Viele Menschen wollen immer wieder ihre Straße
gegen eine andere eintauschen.
Ein kleines Mädchen fragte ihn einmal, warum er denn
nie wütend wäre, wenn die Leute mit seinen Straßen so
unzufrieden sind.
Da nahm der alte Mann das kleine Mädchen auf seinen
Schoß und fing an zu erzählen.
Weißt du, es ist so:
„ Die Straßen sehen zwar alle verschieden aus, aber am
Ende ähneln sie sich alle.
Jede hat fast die gleiche Menge an Freude und Glück
und auf jeder Straße gibt es das gleiche Maß an Tränen
und Elend.
Nur sind diese Dinge immer anders verteilt.
Es ist unterschiedlich schwierig, dies alles zu
bewältigen.

Zu jeder Straße gebe ich den Menschen ein Säcklein zur Wegzehrung mit.

Dies ist gefüllt mit Träumen sowie mit Glaube, Liebe, Hoffnung und Geduld.

Und dies, mein Kind, ist das große Geheimnis.

Je mehr sie aus diesem Säcklein an andere verschenken, desto voller wird es.

Die meisten Menschen werfen mein Säcklein weg, sie meinen, ohne diesen Beutel schneller vorwärts zu kommen.

Nur, was diese Menschen mir nicht glauben wollen, ist, dass auch die Zeit bestimmt ist, wie lange eine solche Straße zu begehen ist!"

„Hattest du auch mal eine solche Straße?",
fragte das Mädchen.

„Ja, mein Kind, ich hatte die erste und schwerste Straße, und ich bin sie bis zum Ende gegangen, dabei war dies gar nicht schwer, denn das Säcklein mit der Wegzehrung hat mir dabei sehr geholfen, und es wurde ja nie leer.

Deswegen habe ich immer noch den Glauben, die Liebe und die Hoffnung.

Auch die Geduld und meine Träume sind noch da."

„Ach, wenn die Leute es doch nur begreifen würden, seufzte der alte Mann!"

Da klopfte es.

Ein Mann und eine Frau traten ein.

„Was kann ich für euch tun?",
fragte der alte Mann.

„Wir haben nun schon die dritte Straße von ihnen, aber die ist uns nicht genehm!

Geben sie uns gefälligst eine neue Straße!"

Die beiden hatten unzufriedene Gesichter, und ihre schrille Stimme überschlug sich bald.

Das Mädchen kroch erschrocken zurück unter den Ladentisch und wartete gespannt auf die Reaktion des alten Mannes.

Der aber blieb sehr ruhig und besonnen.

„Ihr sollt eine vierte Straße haben. Nur sagt mir, was euch auf eurem Weg missfallen hat!"

So genau konnten sich die beiden aber auch nicht äußern.

Die Tränen und das Leid wären zuviel gewesen.

Und trotz dem Glück und der Freude waren sie mit dieser Straße auch nicht zufrieden.

„Aber jetzt hattet ihr auf drei Straßen die Tränen und das Leid hinter euch gebracht.

Auf der neuen Straße müsst ihr doch alles wiederholen!"

„Macht nichts", meinte die Frau.

„Vielleicht ist dies aber interessanter als auf den alten Straßen.

Auf diesen war es stellenweise auch sehr langweilig gewesen."

„Weil ihr noch nicht so weit gegangen seid, ihr kennt sie doch gar nicht.

Und wenn ihr keine Straße zu Ende gehen wollt, werdet ihr am Ende einen einsamen Weg gehen müssen.

Den kann man nicht mehr zurückgeben.

Wo habt ihr euer Säcklein mit der Wegzehrung?"
Man hatte es weggeworfen und die Frau hatte noch
nicht einmal hineingeschaut.
„So", mahnte der alte Mann „werdet ihr nie eine Straße
zu Ende gehen.
Das Säcklein ist das Wichtigste."
Die Frau lachte den alten Mann aus: „Am Wegesrand
saßen die Bettler, die von unsrer Wegzehrung haben
wollten, weil sie das Säcklein sahen. Da haben wir das
eine weggeworfen und das andere gut versteckt. Wir
wollten nicht mehr belästigt werden."
Der alte Mann schüttelte den Kopf:
„Ich habe euch doch gesagt, dass das Säcklein sich
immer wieder füllt, wenn ihr etwas davon hergebt.
Mehr noch, was man aus diesem Säcklein mit frohem
Herzen verschenkt, bekommt man in noch schönerer
Form zurück.
Ihr solltet es mit vollen Händen an die anderen
verteilen. Eure Straße wäre dann gepflastert mit
Glaube, Liebe und Hoffnung. Kein Wunder, dass ihr es
nie ausgehalten habt."
Er schickte die Leute mit ihrer alten Straße und einem
neu gefüllten Säcklein wieder auf den Weg.

Das kleine Mädchen kroch nun wieder unter dem
Ladentisch hervor.
„Das mit dem Säcklein finde ich toll, aber ich glaube,
diese beiden Menschen werden zu geizig sein und
wieder nichts davon hergeben wollen!"
sagte das Mädchen.

„Ja", der Straßenmann runzelte zum ersten mal die Stirn
„Ich glaube sie haben nichts begriffen."
„Gibst du ihnen dann den langen einsamen Weg?", fragte die Kleine.
„Ich habe keine langen einsamen Wege zu vergeben!", erwiderte der Alte.
„Bei mir bekommt man nur Straßen, bei denen Freud und Leid gleichermaßen verteilt sind und ein Säcklein gefüllt mit Träumen, Hoffnung, Glaube und Liebe. Jede einzelne dieser Straßen wird zu einem einsamen Weg, wenn man nichts aus seinem Säcklein hergeben will, oder es gar nicht benutzt! Diese beiden mein Kind, sind ihren langen Weg schon gegangen und sie müssen ihn so lange gehen, bis sie das Geben gelernt haben. Aus frohem Herzen zu geben, macht dankbar und glücklich. Dies mein Kind ist das Geheimnis aller Wege und Straßen auf dieser Welt!"

Seele im Eis – Seele im Feuer

Seele im Eis.
Du spürst, wie du deinem Schöpfer die Zeit stiehlst.
Irgendwann hast du eine Grenze überschritten,
in ein anderes, kaltes Land.
Zurück zum Ausgangspunkt?
Große Sehnsucht nach Wärme quält dich.
Kein Weg führt zurück in die Vergangenheit.

Seele im Feuer.
Du fühlst, wie du deine geschenkten Tage zertrittst.
Irgendwo bist du einmal zu weit gegangen.
In eine fremde, heiße Zone.
Zurück in die Überlegenheit?
Ein großer Wunsch nach Frieden
erfüllt dich.
Seele im Niemandsland
finde deinen Weg.

Reich der Spiegel

Man ließ uns ein,
ins Reich der Schatten und Spiegel.
Eine wichtige Zeit
in unserem ewigen Leben.
Wir kommen vom Weg ab
und spüren es peinlich.
Im oft verhassten Gegenüber,
spiegeln wir uns selbst.
Was wir in uns tragen,
stört uns an anderen.
Wir sind alle
aus dem gleichen Stoff.
Du warst er, und er war du,
und alle sind auf der gleichen Strasse,
und doch seid ihr Fremde.
Eure Umwege
bringen euch doch alle zum gleichen Ziel,
wenn der eine oder andere
auch länger unterwegs ist.
Schwierig macht es die Lüge,
denn sie verhindert die Lektion
und alles muss von Neuem beginnen.
Hört auf, nur mit den Augen zu sehen
und mit den Ohren zu hören.
Lernt es doch endlich,
das Herz zu gebrauchen.

Perspektive

Als ich niedergebeugt
vor der Erde kniete
und meine Tränen
nicht mehr zählen konnte,
wehte der Wind,
durch meine Haare
und flüsterte mir zu:
„Verlier dich nicht."
Als ich nicht hören wollte
und mich ergab,
küsste mich ein Sonnenstrahl
und beruhigte meine Seele.

Reichtum

Reichtum heißt: nichts vermissen.
Alles haben heißt: Sattsein.
Sattsein heißt: Müdigkeit.
Müdigkeit heißt: Krankheit.
Krankheit heißt: Einsamkeit.

Opfer

Wenn ich irgendwann der Täter war,
den du dir ausgesucht hast,
so werde ich jetzt das Opfer sein,
und damit mache ich dich zum Täter.
Bei diesem Spiel
hilft nur die Vergebung.

Müde

Ich bin müde geworden,
vom Entertainment.
Unter meinen Füßen,
schwanken die Bühnenbretter
des Lebens.
Mein Lachen klingt spröde.
Der Glanz meiner Augen
ist erloschen.
Das einst schillernde Kostüm,
klebt trübe an meinem Körper.
Ich bin satt vom Beifall,
der nie mir galt,
sondern meiner Lüge.
Im künstlichen Licht,
noch Spuren von Schminke.
Satt und müde trete ich ab,
verschwinde in der Stille
und fange an zu leben.

Abschied

Alle wissen, wie es um dich steht.
Man kommt und gibt und fragt nach dir.
Jeder schenkt dir seine letzte gute Tat
um seiner selbst willen.
Du fühlst es –
man hat dich abgeschrieben.
Wo ist noch ein Mensch,
der Anforderungen an dich stellt?
Wer braucht dich noch?
Sehnsucht nach einem neuen Ziel.
Der Mensch ist grausam in seiner Güte.
Wie groß müssen eure Schuldgefühle sein,
dem Leben gegenüber und erst recht dem Tod.

Ahnungen lüften den Schleier

Ahnungen lüften den dichten Schleier,
Rätsel werden zum lieblichen Spiel.
Gezwungene Bewegung scheitert kläglich,
Niemand weiß um den Plan.

Begegnungen sorgen für Klarheit.
Deine Gegenüber spiegeln dich.
Alles sind so gut oder so schlecht wie du.
Jeder kennt diesen Sog.

Den Weg zu finden ist das Heil.
Gefahr lauert im Erzwungenen.
Nur die Achtsamkeit des Herzens
kann die Richtung weisen.

einssein

Mit dem Duft eines Rapsfeldes,
einssein
mit dem Lied einer Amsel,
einssein
Beim Aufgang der Morgensonne
einssein
mit der Dankbarkeit
Ist das der Schlüssel zum Himmel?

Aus

Du wolltest eigentlich gar nicht,
dass ich dich umarme.
Du wolltest, dass ich wegen dir
die ganze Welt umarme.
Du wolltest einfach zuviel.

Ausweg

Hunger ahnt den Genuss.
Angst fragt nach Hoffnung.
Zwang fühlt die Freiheit.
Stille bringt Regsamkeit.
Schatten braucht Licht.

Begegnung

Eine laue Sommernacht könnte es sein
oder ein Sonnenaufgang am Morgen.
Vielleicht klingt eine Glocke, irgendwo,
oder ein Vogel singt,
wenn du dir selbst begegnest.

Ein unbedachtes Wort könnte es sein
oder eine nicht beglichene Rechnung.
Vielleicht verhindert die Sorge um den nächsten Tag
oder der Neid auf das Leben des Nachbarn,
dass du dich überhaupt triffst.

Bejahen

Ehrliches Bejahen
zu allem, was berührt.
Tiefe Verneigung
vor der letzten Wirklichkeit.
Ehrfürchtige Achtsamkeit
in der Stille.
Aufrichtige Liebe,
die weder zwingt noch fesselt.
Schmelzpunkt sein
mit allem, was ist.

Belangloses stiehlt mir meine Tage

Eingeschlossen in eine müde Welt
erwache ich immer wieder zum Leben.
Oft verletzt es meine Trägheit,
dieses große Gefühl, dass ich bin.
Ich ahne den gewaltigen Sturm
hinter einem wolkenlosen Himmel.
Tief berührt mich die Macht,
die das Gras zum Welken bringt.
Belangloses stiehlt mir meine Tage.
Ich sehne mich nach Menschen,
die große Gefühle ertragen können,
ohne daran zu zerbrechen.

Braves Kind

Man lehrt dich Freundlichkeit,
du bist ein braves Kind.
Du lernst dich anzupassen,
wirst ein bequemes Kind.
Lüge schleicht sich ein.
Am Ende dieser Schulungen
steht die Feigheit.

Man lehrt dich Feindlichkeit,
du wirst ein böses Kind.
Jetzt lernst du zu trotzen
und wirst zum Problem.
Wahrheit drängt sich auf.
Am Ende deiner Verfehlungen
Hast du mit ein bisschen Glück
Charakter!

Danke

Ohne dein Zutun
hätte ich fast vergessen,
den Hauswirt anzurufen.

Ohne dein Zutun
hätte ich fast vergessen,
die Kohlen zu bestellen.

Ohne dein Zutun
hätte ich fast vergessen,
den Schlüssel mitzunehmen.

Ohne dein Zutun
hätte ich fast vergessen,
dass ich dich eigentlich nicht mehr mag.

Das Tor

Du stehst wieder einmal vor dem Tor
und willst anklopfen.
Dein Herz will zerspringen.
Wieder ein Tor, auf das es ankommt.
Du hoffst, dass niemand zu Hause ist.
Wieder einmal.
Viele Male warst du schon hier,
und bist, ohne anzuklopfen,
wieder gegangen.
Was ist, wenn das Tor aufgeht.
Ich habe Angst um dich.

Das Wort

Mein Wort, du kennst nicht deine Macht,
achtlos dahingeschleudert,
weggefegt vom Wind.
Kannst Krieg entfachen,
leben löschen,
wenn deine Klingen
scharf geworden sind.

Mein Wort, du kennst nicht deine Stärke,
vertrauensvoll gesprochen
wie von einem Kind,
bist du Gebet
und Leben selbst.
Wenn deine Kraft
getragen wird vom Wind.

Mein Wort, du bist ein eigenständig´ Ding,
trag Mut und Wahrheit,
wenn du gehst.
Und achte sorgsam,
wenn du ausgesprochen,
dass du dich selbst verstehst.

Das Übel um dich

Das Übel um dich fühlt sichtbar sich wohl.
Es fühlt sich verwandt, sonst würde es weichen.
Denn alles, was schlecht ist und unheilvoll,
gesellt sich halt gern zu seinesgleichen.

Dein Jammertal, scheinbar von ander´n erzeugt.
Um dich Lug und Bosheit, Missgunst und Gier.
Die Tränen, die dich jetzt endlich gebeugt,
sie wurden schon vorher geweint wegen dir.

Was immer du anstrebst, dein eigen zu nennen,
ist`s Liebe, ist`s Freude, vielleicht sogar Leid –
du musst diese Schätze auch anderen gönnen.
Denn alles kommt dahin, wo Gleiches bereit.

Deine alte Seele weiß alles

Dein Respekt vor der Schöpfung
hält dich am Leben.
Angst vor dem Tod wird vergehen.
In ihm ist neue Hoffnung.
Wie die reife Frucht vom Baum fällt,
so wirst du irgendwann gehen.
Nichts steht still,
alles wandelt sich.
Du gehst nicht verloren,
und deine alte Seele weiß alles.
Nur du weißt es nicht.

Deine Augen

Lass deine Augen erzählen
von Dingen, die sie sehen.
Lass deine Sinne fühlen
die ewig sich wandelnde Welt.
Lass deine Hände sprechen
mit den Dingen, die du berührst.
Lass deine Finger schreiben,
was zwischen den Zeilen
stehen soll,
und du wirst alles
zum Leben erwecken.

Die Ereignisse

Die glücklichen Ereignisse
und auch die Pechsträhnen
sind deine eigene Schöpfung.
Hüte dich vor deinen eigenen Gedanken
und den Gedanken anderer,
denn alles sucht Erfüllung.

Du da!

Du, ja dich meine ich.
Gerade mit dir wollte ich reden.
Du bist der Herr mit den traurigen Augen.
Manchmal bist du auch eine nette, alte Dame,
die mit dem fröhlichen Gesicht.
Gestern, als ich mit dir reden wollte,
warst du meine dicke Nachbarin
oder der alte Mann mit dem Pudel.
Und mich kennst du auch.
Du weißt es doch,
der füllige Blonde vom Bahnhof
oder der unbeholfene Junge von nebenan,
den du nie leiden konntest.
Vielleicht bin ich auch jemand,
dem du morgen begegnen wirst.
Vielleicht bin ich sogar du.
Es ist schön, dir etwas mitzuteilen.
Sprich mich doch einfach an.
Ich bin so viele,
die dir täglich begegnen.
Komme einfach auf mich zu,
Du kennst mich ja.-

Eberhard, der Fuchs

- Wasser, das du nicht trinken kannst, musst du
weiterfließen lassen. -

Dieses Sprichwort stammt aus dem alten Spanien und
wird von den meisten Menschen nicht beachtet.
Dadurch kommt es immer wieder zu Stauungen im
Fluss des Lebens, und viele zwischenmenschliche
Beziehungen enden in den Sackgassen, die weder dem
WERDEN noch dem SEIN eine Chance einräumen.
In den Sackgassen spielen sowohl die Erinnerung an
eine Illusion sowie die Hoffnung auf eine etwas bessere
Zukunft eine Rolle.
Jedoch die Gegenwart ist und bleibt trostlos.
Anders war es vor gar nicht so langer Zeit bei den
Füchsen.
Da hatte sich eine Geschichte zugetragen, die
hoffentlich dem einen oder anderen etwas zu Denken
gibt.
Bekannt ist allgemein, dass die Füchse die listigsten
unter den Lebewesen sind.
Aber List ist nicht gleich List.
Man bedenke zum Beispiel die Arglist oder die
Hinterlist, die, mit der List als Schlauheit gedacht, sehr
wenig zu tun hat.
Ein stattlicher Fuchs, bekannt als einer der besten Jäger
unter seinesgleichen, verliebte sich einmal in eine
arglose Füchsin.

Beide hatten schon viel Walderfahrung, und ihr Fell war von den Fehlschlägen und Angriffen schon ganz zottig und grau geworden.

Aber die Gleichheit ihrer Art war es, die das Schicksal herausforderte, so fanden sie großes Gefallen aneinander.

Der Fuchs mit dem stolzen Namen Eberhard war der jüngste Spross einer ehrgeizigen Familie und hatte schon früh seinen Bau verlassen, um seine Jagdkünste zu vervollkommnen.

Auf seinen weiten Reisen hatte er so viel List gelernt, dass ihm viele Neider auf seiner Fährte folgten.

So kehrte er in seinen Heimatwald zurück, um sich dort noch ein paar Sporen zu verdienen.

Die Niederlagen hatten seinen Stolz nicht brechen können, und die Erfolge, die sein Leben bestimmten, machten ihn siegesbewusst und rücksichtslos.

Er war trotz seiner vielen Narben immer noch ein stolzes Tier.

Dennoch, irgendetwas hatte er in all den Jahren verloren, denn wenn er sich unbeobachtet fühlte, hatte er etwas Tapsiges an sich und er erinnerte mehr an einen alten Bären als an einen wendigen Fuchs.

Hinter dieser Fassade war er gar nicht so stolz, sondern eher unsicher und zögernd.

Diese Unsicherheit war es wiederum, die der alten Füchsin gefiel.

Sie hatte zwar keinerlei große Jagderfahrung, weil sie ihr ganzes Leben in ihrem Bau zugebracht hatte.

Als einziges Kind einer ganz normalen Fuchsfamilie kam Henriette, wie man sie nannte, in einem warmen Frühlingsmonat zur Welt.

Sie hatte nie den Wunsch, große Erfolge im Leben zu feiern.

Sie wünschte sich einen ganz normalen Bau, der sie im Winter gegen die Kälte schützen sollte, und dort wollte sie ein paar kleine Füchslein auf das Leben im Wald vorbereiten.

Aber auch bei ihr lief nicht alles so, wie sie es sich gedacht hatte.

Viele Erfahrungen hatte Henriette in ihrem Leben machen müssen.

Und sie verhielt sich dabei eher wie eine Häsin als wie eine Füchsin.

Ihre List hatte sich nicht im Gehirn, sondern im Herzen entwickelt und diente dem Erkennen von Situationen, die sie abzuwenden hatte.

Für Henriette war es Liebe, als sie den Fuchs Eberhard zuweilen wie einen Bären ungeschickt über das Land tapsen sah.

Wusste sie doch, dass Unsicherheit nirgendwo anders als im Herzen ihren Ursprung hatte.

Und dieses Herz musste funktionieren, da es, durch soviel List zugeschüttet, selbst im größten Jagdfieber noch zu erkennen war.

Eine ganze Weile loderte das Feuer zwischen ihnen.

Eberhard hatte noch eine Füchsin zu Hause sitzen, Brunhilde, die ihm während seiner Abwesenheit den Bau besorgte.

Diese Füchsin hatte zwar mehr List in sich als Eberhard und Henriette zusammen, lebte aber in einer dieser Sackgassen, und sie war mit den Jahren überdrüssig geworden, sich neue Lebensziele zu setzen.

Behäbig verschloss sie die Augen und Ohren vor der Wirklichkeit.

Und ihr Jagdeifer war auf die kleinen momentanen Scheinerfolge gerichtet, die sie mit großer List in ihrer Sackgasse auftürmte.

Damit konnte sie zumindest zeitweise andere Füchse in diese Sackgasse hineinziehen.

Was Henriette aber nicht wusste, war, dass noch einige andere Fuchsfrauen an Eberhard Interesse hatten.

Und Eberhard, der leidenschaftliche Jäger, kostete aus dem Vollen.

Eine davon war ihm viel wichtiger als Henriette.

Es war Paula, die Tochter eines Silberfuchses.

Paula hatte Eberhard mit ihrer List eingekauft.

Und Eberhard war Paula verfallen. Seine Liebe aber gehörte keiner von diesen drei Füchsinnen.

Seine Liebe gehörte der Jagd nach ihnen.

So war Brunhilde ohnehin in seinem Besitz.

Henriette hatte ihm gezeigt, wie sehr sie ihn liebte, und war ihm ausgeliefert.

Beide waren ihm zwar teuer, aber nicht interessant genug.

Nur Paula, die mit ihm alle irdischen Freuden des Lebens teilte, gab ihm das Gefühl, dass sie ihn eigentlich gar nicht wollte.

Sie konnte auch nicht, weil da noch ein anderer Fuchs war, den er ausstechen musste.

Beide hatten den Sieg übereinander in der Tasche.

Als Paula allerdings merkte, dass Henriette auch eine Rolle im Leben von Eberhard spielen wollte, musste sie fester zupacken. Denn wenn sie mit Eberhard auch nichts mehr am Hut hatte, verlieren wollte sie ihn nicht.

Nun sollte man glauben, dass er alle drei Füchsinnen unglücklich gemacht hätte. So war es aber keineswegs. Brunhilde hatte ihren Bau bekommen, Paula hatte die Freude, über ihn gesiegt zu haben, und Henriette hatte nach langer Zeit erfahren, dass sie noch zu einer aufrichtigen Liebe fähig sein kann.

Nur Eberhard, er hatte nichts.

Er war unglücklich geblieben.

Er hätte längst für sich eine Entscheidung treffen können. Doch die Beute bedeutete ihm nichts, galt seine Liebe doch nur dem Jagen.

Es gelang Henriette, sich aus dieser schlimmen Situation zu entreißen und Eberhard bei seiner Jagd zu beobachten.

Nun war sie nicht mehr der Spielball seiner Gefühle. Sie hatte so etwas wie einen Logenplatz in einer ganz verworrenen Liebesgeschichte, worüber sie mitzuentscheiden hatte.

Eberhard hatte die Angewohnheit, sich zu bestimmten Zeiten anzumelden, dann aber nicht zu kommen.

Das tat er bei allen dreien. Und alle drei warteten auf ihn.

Stundenlang.

Wenn er dann irgendwann, aber unangemeldet kam hinterließ er zwar Hoffnung, aber immer auch einen gewissen Hunger.

Körperlich, seelisch oder geistig.

Diesen Teufelskreis hatte Henriette durchschaut.

Es war seine Arglist beim Jagen.

Menschen machen so etwas mit Tieren, die sie abrichten wollen.

Sie füttern ein Tier nie ganz satt, damit es von seinem Herrn abhängig wird und sich von niemand anders streicheln lässt, als von dem es wieder Futter erwarten kann.

Auch Menschen machen ihre Beute hörig.

Und man kann es auch daran beobachten, wenn erwachsene Menschen immer noch sehr von ihren Eltern abhängig sind.

Die suchen dann immer noch nach der Zuneigung, die sie als Kinder nie bekommen haben.

Liebe macht nämlich frei, Hunger macht abhängig.

Wenn man jemanden von ganzem Herzen liebt, muss man ihm alles geben.

Bei den Menschen wie bei den Tieren.

Nur wer körperlich und seelisch satt ist, ist frei.

Damit macht man das größte Geschenk.

Denn die Freiheit für die Seele, den Geist und den Körper wappnet gegen alle Angriffe des Lebens.

Nun wusste Henriette, dass sie Eberhard in dem Zustand nicht lieben konnte.

Ihr Hunger war gering gegen den Hunger, den Eberhard in ihr erzeugte.

Immer wieder spürte sie, wenn er ging, dass sie abrutschen würde.

Es wurde leer in ihr, weil sie an anderen Dingen das Interesse verlor.

Ihr Tag war ausgefüllt damit, dass sie auf Eberhard warten musste.

Von Bau zu Bau erzählten sich die Füchse, dass Henriette sich sehr verändert habe.

Sie hatte das Singen und das Lachen verlernt, und beim Tanzen schaute sie nur, ob die Sonne bald unterging, es hätte nämlich sein können, dass Eberhard doch noch kommt.

Oft gab es zwischen den beiden Auseinandersetzungen, die Eberhard nie ernst nahm.

Er versprach ihr Besserung und gelobte, dass mit der Zeit alles besser werden würde.

So konnte sie bis zum nächsten Tag doch wenigstens wieder auf die Erwiderung ihrer Liebe warten.

Die Wahrheit aber war, dass dieser schlaue Fuchs auch bei seiner Brunhilde immer wieder beteuerte, dass alles besser werden würde und er bald mehr Zeit für sie habe. Auf keinen Fall würde er etwas tun, das seine Beziehung zu Brunhilde gefährden könnte.

So wurde auch die listige Brunhilde ihrem Eberhard erwartungshörig, hatte sie doch Hoffnung, aus ihrer Sackgasse herauszufinden.

Paula hingegen wurde satt gefüttert von Eberhard, dachte sie. Doch dort war es ganz anders. Keine Liebe, sondern nur Lust war das Motiv bei den Fütterungen.

So fütterten sich beide gegenseitig noch hungriger.

Doch aus ihren Augen blitzte nicht mehr die feurige List, der in Freiheit lebenden Füchse, sondern es war die Leere, die bei einem Kettenhund zu beobachten ist, der auf seine alten Tage bemerken muss, dass er das Wichtigste im Leben nicht erkannt hat.

Nämlich die Erkenntnis, dass er seine Kette selbst angelegt hatte, weil er die Liebe seines Herzens nicht annahm und dessen Vertrauen so oft missbraucht hatte.

Dasselbe war von Eberhard übriggeblieben.

Er, der die Freiheit über alles liebte, hatte sie den anderen wegnehmen wollen.

Nun hatte er sich selbst an die Kette gelegt.

Auch er hatte die Liebe nicht erkannt und sie nicht annehmen wollen. Sein Leben war eine Lüge, und am meisten belog er sich selbst.

Henriette verzichtete auf ihre große Liebe.

Sie hatte die Freiheit wiedergefunden. Langsam übte sie sich wieder in Fröhlichkeit.

Paula wandte sich von Eberhard ab, weil er sein Feuer verloren hatte. Sie hatte andere Füchse um sich geschart, die sie versuchte anzuketten.

Brunhilde hingegen zog von einem Bau zum anderen. Sie merkte, dass sie viel versäumt hatte. Aber zu einem Neubeginn fehlte es an eigenen Ideen.

Sie hatte nichts gelernt außer dem Warten, und dies tat sie noch intensiver als je zuvor.

Wenn sich im Forst draußen die Füchse am Morgen nach der Jagd treffen, erzählt man sich heute noch von der großen Liebe zwischen Eberhard und Henriette.

Und wenn man Henriette danach fragt, sträubt sich nicht ihr Fell, nein, sie bekommt einen verträumten Ausdruck in ihren Augen und lächelt, wenn sie sagt:

„Wasser, das du nicht trinken kannst, musst du weiterfließen lassen!"

Ein König

Ein König, grau und gebeugt von seinen vielen
Aufgaben, wollte das Reich endlich abgeben an einen
würdigen Nachfolger.
Er wusste um die Neigungen der Menschen, die alle im
Stolz und im Neid ihren Ursprung hatten.
Weil er selbst keine Söhne hatte, musste er einen seiner
Neffen auswählen. Das Herz wurde ihm schwer,
konnte er hier nicht die Stimme seines Blutes sprechen
lassen.
Die jungen Männer waren stolz und verwöhnt. Freunde
hatten sie nicht. Als Kinder spielten sie nur mit den
Bediensteten, die ihnen untertänig alle Wünsche
erfüllten. Ständig fragte sich der alte König, wer von
den beiden wohl geeignet sei für den Thron. Er selbst
war immer ein guter König gewesen, der sein Volk
weise regierte und manch einer hatte ihm viel zu
verdanken. Gerecht wollte er aber sein bei der Wahl
und keinen der beiden Neffen verletzen.
„Ich schicke euch unter mein Volk, wo ihr so lange
verweilen werdet, bis ihr sieben gute Freunde gefunden
habt. Ihr geht in getrennte Richtungen dabei. Einer in
den Norden und der andere in den Süden. Wer diese
Aufgaben zu meiner Zufriedenheit gelöst hat, soll neuer
König werden. Die sieben Freunde bringt ihr aber mit
aufs Schloss, sie sollen bei der Krönungszeremonie
anwesend sein."
Er ließ für jeden eine Kutsche einspannen und gab
ihnen Kleidung und Essen mit für ein paar Monate.

„Bis das Jahr vorüber ist, will ich euch wieder hier haben."

„Ich bin klug und weise,", dachte der eine, „außerdem stattlich und schön, warum sollte ich so lange da draußen bleiben beim gewöhnlichen Volk. Die sieben Freunde habe ich schnell gefunden.

Ich werde meinem Cousin zuvorkommen, dann ist die halbe Schlacht schon gewonnen."

Doch so einfach war es auch für ihn nicht. Es sollten Freunde sein, die er auch vorzeigen konnte, meinte er, saßen sie doch bei seiner Krönungsfeier an der Tafel. Nein, Schande bereiten würden ihm seine Freunde nicht. Lange wanderte er hin und her, um würdige Freunde für sich zu suchen. Einige hatten einen sehr schlechten Ruf, wie man ihm versicherte. Andere wieder hatten ein so schlechtes Benehmen, dass er sich solche nicht an einer königlichen Tafel vorstellen konnte. Außerdem verstanden sie es nicht, sich zu kleiden.

An allen hatte er etwas auszusetzen. So richtig würdig fand er keinen.

Ein paar jedoch waren gut zu ihm. Sie redeten nach seinem Munde und schenkten ihm von ihrem Wein ein, weil sie gastfreundlich waren und sich glücklich schätzten, einen solch vornehmen Besuch im Haus zu haben. Er nahm alle Geschenke von der Bevölkerung dankbar an, sollte sein Onkel doch sehen, wie beliebt er sich machen konnte. Obwohl er niemand fand, der ihm so richtig gefiel, wählte er sieben Männer aus, die ihm noch am klügsten und angenehmsten erschienen, und machte sich auf den Heimweg.

„Sieh nur", sprach er zu seinem Onkel, „ich habe sieben Freunde mitgebracht."

„Was machen die denn da?", fragte der Onkel.

„Sie ziehen einen großen Wagen, er ist vollgepackt mit Geschenken für mich, das Volk mag mich eben.

Und meine sieben Freunde können sich bis zu den Feierlichkeiten ein bisschen nützlich machen. Unsere Dienerschaft ist ja auch nicht mehr die jüngste, sie gehören schon längst ausgewechselt."

Traurig wurde der alte König bei dem Gedanken, seine alten und treuen Diener „auszuwechseln".

Waren sie nicht in all den Jahren seine Freunde geworden und hatten ihm manch klugen Rat gegeben, wenn er vom Regieren oft müde war.

Viele Wochen verstrichen. Da der andere Neffe scheinbar verschollen war, liefen im Schloss die Vorbereitungen für das große Fest schon an.

Jeder hielt den stattlichen jungen Nachfolger für würdig. Nur der alte König hatte ein ungutes Gefühl.

Er wollte noch weiter auf die Rückkehr seines anderen Neffen warten, schon um der Gerechtigkeit willen.

Eines Tages kam ein Bettler direkt auf das Schloss zu. Er hatte einen alten halblahmen Hund dabei, und seine armseligen Kleider waren so zerlumpt, dass ihn vor Kälte fror.

„Schafft das Bettelvolk weg!", rief der angehende König den Dienern zu und erstarrte fast, als er in der zerlumpten Gestalt seinen Cousin erkannte.

„Ich habe keinen einzigen Freund mitgebracht, und ich freue mich mit dir, wenn du unser Königreich übernimmst."

Gebeugt betrat er das Schloss und wurde liebevoll von allen empfangen. Man versorgte ihn und den Hund mit allerlei zu Essen und gab ihm neue Kleider.

Der alte König interessierte sich für seine Geschichte und wollte vor allem wissen, warum er erst jetzt nach Hause kam.

Niedergeschlagen fing der Heimkehrer an zu erzählen.

„Ich war bei allen Menschen in unserem Königreich, habe aber nicht einen einzigen mitgebracht. Die Leute müssen hart arbeiten um ihre Familien über den Winter zu bringen. Sie haben keine Zeit für königliche Feste."

„Aber was hast du so lange da draußen gemacht und warum bist du so zerlumpt?", wollte sein Onkel wissen.

„Na ja, mein Essen und meine Kleider habe ich schon im nächsten Dorf verschenkt. Die Leute dort waren so arm. Und dann musste ich mich durchschlagen. Ich habe überall gearbeitet und mitgeholfen für eine Mahlzeit und ein Nachtlager. Manchmal bekam ich auch ein Stück Brot mit auf den Weg.

Die Leute im Volk sind alle gut zu mir gewesen, dass es mir auch Freude gemacht hat, dort zu helfen.

Und bis das Holz für den Winter fertig war und die Felder abgeerntet, war es spät geworden, und ich habe die Zeit vergessen. Sie haben mich zwar alle eingeladen wiederzukommen, aber keiner wollte mit mir mit. Nur der Hund ist mir gefolgt, weil ihn niemand haben wollte. Und ihn will ich auch nicht mehr hergeben, er hat sich so an mich gewöhnt."

Voller Rührung hörte sein Onkel diese Geschichte.

„Er hat sich unser ganzes Volk zum Freund gemacht", dachte er.

Nun war er in einer misslichen Lage, wollte er doch auch nicht sein Gesicht bei Hofe verlieren.

Schließlich ging es darum, Freunde zu finden und nicht darum, Bekannte anzuschleppen.

Lange fand er keine Ruhe, bis er für sein Problem endlich eine Lösung fand.

Er ließ ein Mahl bereiten, um sein Urteil zu verkünden. Voller List ließ er an diesen Tisch auch einen Napf für den Hund bereitstellen.

Jetzt klang seine Stimme hart und entschlossen, denn er wusste, was er im tiefsten Herzen wollte.

„Ich will Nachsicht walten lassen und die Zahl sieben etwas nebenan stellen. Es ging schließlich darum, richtige Freunde zu finden. Mein stattlicher und kluger Neffe hat mir sieben gute Diener gebracht und wie ihr seht, kann er gut mit solchen Bediensteten umgehen. Ich will ihn zum obersten Kanzler im Schloss ernennen, der seinem Cousin bei allen Fragen beistehen darf. König aber wird der, welcher richtige Freunde mitbringt. Es ist zwar nur einer, aber ich muss ihm mein Königreich anvertrauen."

Er schaute dabei auf den Neffen mit dem Hund.

„Vorausgesetzt du wäscht deinem Freund die Flöhe aus dem Pelz."

„Aber ich habe sieben Freunde mitgebracht.",
beschwerte sich der Kanzler.
„Wo sind die?", fragte der Onkel mit listigem Blick.
Die sieben Stühle waren leer.
Der alte König wusste, dass sie nur mitgekommen
waren in der Erwartung, Freunde eines Königs zu sein.
Nun aber, da sie Diener eines Kanzlers werden sollten,
waren sie aufgestanden und zurück in ihre Dörfer
gegangen.
Die Sache hatte sich für sie nicht gelohnt.
Der Hund aber diente seinem Herr noch einige Jahre als
Freund. Ab und zu durfte er auch mit dem abgedankten
König spazieren gehen oder im Kaminzimmer auf dem
seidenen Teppich liegen.
Er war es schließlich, der einem ganzen Volk einen
guten König und damit viele Jahre Frieden schenkte.

Freundschaft ist eben bedingungslos.

Ein Zaun aus Liebe

Unter einer großen Eiche am Rande des turbulenten Lebens wohnte der Prophet.
Jeder, der eine Frage hatte, was sein Leben anbetraf, konnte zu ihm kommen.
Sein Haus war aus den Träumen vieler tausend Jahre gewachsen.
Die Fensterrahmen aus den Irrtümern der Menschen zusammengezimmert, und in seinem Garten blühten die Wünsche und Hoffnungen vieler Generationen.
Er wäre kein Prophet gewesen, wenn er nicht um dieses Haus einen Zaun aus Liebe gebaut hätte.
Hinter diesem Zaun würde sich alles zum Guten wenden.
Denn alles, was durch diesen Zaun nach draußen geschickt wurde, konnte nie wieder böse sein.
Und wenn einer von draußen durch diesen Zaun hineinwollte, ging es nur, wenn sein Böses draußen blieb.
Bei den meisten Menschen stiftete dies einige Verwirrung.
So hatte einmal ein altes Erdmännchen sehr viele Tränen geweint. Sein ganzes Leben lang war es auf der Suche nach der richtigen Erdfrau.
Viele Male dachte er schon, sie gefunden zu haben, aber immer ging seine Geschichte schief.
So beschloss der alte bucklige Erdmann, den Propheten aufzusuchen.
Vor dem Zaun blieb er stehen.

Der alte Erdmann hatte zwar ein gutes Herz und
versuchte es immer allen recht zu tun, aber in all den
Jahren, die hinter ihm lagen, hatte sich viel Böses
angesammelt, wie bei so vielen Erdleuten.

Wenn er eine Erdfrau verführte oder eine seiner
Gespielinnen anlog, dann tat er es so, wie andere in der
Nase bohrten oder an einem Grashalm kauten.

Er wusste gar nicht mehr, was recht oder schlecht war.

Der Prophet sah, wie der kleine alte Mann ängstlich um
den Zaun schlich.

Er ging auf ihn zu und lächelte:

„Ich kenne deine Probleme, du weißt auch, dass du
alles Böse draußen lassen musst, wenn du hinter den
Zaun der Liebe trittst, aber die Liebe weiß selbst, was
gut ist, du wirst es schon merken!"

Als das Erdmännchen in die Nähe des Zaunes kam,
hatte es panische Angst.

Ihm war ganz sonderbar zumute.

Am liebsten wäre es davongelaufen, er fühlte sich so,
wie auf einem Karussell.

Seine Gedanken wirbelten wie wild durcheinander, und
es hatte kein Zeitgefühl mehr.

Viele seiner Wünsche versanken ins Nichts.

„Siehst du", sagte der Prophet, „die Liebe sortiert
Deine Gefühle schon aus,

Wenn du jetzt noch einen Schritt machst, dann ist alles
Böse draußen geblieben, und du kannst mir mit reinem
Herzen Deine Fragen stellen!"

So geschah es auch. Leicht benommen folgte der alte
Erdler dem weisen Mann.

Sie betraten das Haus aus Träumen.

„Nun mein Sohn, was möchtest du erfahren?",
fragte der Prophet.

„Ich weiß nicht recht, es ist alles so anders! Ich wollte
eigentlich wegen einer Erdfrau fragen, aber die stelle
ich mir jetzt ganz anders vor.

Ich glaube, ich habe gar keine Fragen mehr, ich werde
die Richtige schon finden!

Wir werden abends die Glühwürmchen zählen und wir
werden uns aufeinander verlassen können!",
schwärmte der Erdenmann.

„Halt ein", sagte der Prophet, „so einfach wird es nicht
werden, du bist jetzt durch den Zaun der Liebe
hereingekommen, in dir ist jetzt nur Gutes, weil du die
Liebe gespürt hast, aber wenn du jetzt wieder
hinausgehst, wartet hinter dem Zaun wieder Böses auf
dich.

„Das macht nichts!", eiferte das Erdmännchen und
wollte schon losrennen.

Der weise Mann hielt ihn am Arm fest:

„Du bist zum Prophet gegangen, um etwas zu erfahren,
nun musst du diese Erfahrung auch machen.

Die Liebe hat dich gelehrt, das Gute vom Schlechten zu
unterscheiden, nun musst du auch damit umzugehen
wissen, und es wird nicht leicht sein."

Sie gingen ein Stück des Weges.

„Wenn du jetzt durch den Zaun wieder nach draußen
kommst, wirst du die Liebe in dir tragen und du kannst
nie wieder etwas Böses tun!"

„Ich will gar nichts Böses tun, wo ist denn das Problem?",
lehnte sich der Alte auf.
„Es ist ein großes Problem", mahnte der Prophet,
„auch wenn du nichts mehr Böses tun wirst, das Böse wird es mit dir tun. Früher hast du damit gespielt. Jetzt musst du gegen das Böse ankämpfen. Es wird dich viel Kraft kosten. Denn die Macht des Schlechten wird dich immer wieder einholen.
Leb wohl und geh. Ich werde auch deine Irrtümer in meine Fenster einbauen, damit ich ab und zu ein Auge auf dich werfen kann."
Der Erdmann rannte mit einer solchen Hast durch den Zaun, dass der Prophet den Kopf schütteln musste.
Draußen angekommen wollte er sofort ein neues Leben anfangen und nur noch Gutes tun.
Er zeigte sich sehr bescheiden, hatte alle Hände voll zu tun und kam trotzdem zum Nachdenken.
Was er aber gar nicht merkte, war, dass das Schlechte mit ihm schon wieder einen Pakt hatte, und es tat mit ihm was es wollte.
Der Alte erkannte es nicht und ließ es mit sich geschehen.
Als der Tag kam, an dem er seine Erdfrau finden sollte, erfuhr dies eine böse Hexe.
Sie wollte ihn als Gespielen haben und versuchte, sein Schicksal zu verhindern.
Der Prophet war gerade in den Garten gegangen, um die Wünsche und Hoffnungen der Erdmenschen zu nähren.

Da bemerkte er erschrocken, was da draußen passierte.
Da er nicht alles Unglück mehr verhindern konnte,
holte er die kleine Erdfrau, die dem Erdling bestimmt
war, schnell über den Zaun zu sich, so konnte nichts
mehr geschehen.
Viele Jahre verbrachte die kleine Erdfrau bei dem
weisen Mann, und jeden Tag ging sie an den, Zaun um
zu sehen, wie der Mann, den sie liebte, mit seiner
Gespielin in Saus und Braus lebte.
Eine tiefe Niedergeschlagenheit erfasste sie.
Der Prophet beobachtete seinen Gast besorgt, bis er es
auch nicht mehr ertragen konnte.
„Es ist zwar nicht an der Zeit, aber ich will dich
hinschicken zu ihm, er ist dir vorbestimmt, vielleicht
fühlt er seine Vorsehung jetzt schon!"
Glücklich machte sich das Erdfräulein auf den Weg,
um ihrer großen Liebe wieder zu begegnen.
Auf dem Weg dahin malte sie sich ihr weiteres Leben
in den schönsten Farben aus.
Sie wollte alles geben, was sie hatte, so wie sie es in der
Schule des Propheten gelernt hatte.
Das unglückliche Erdmännlein erkannte aber ihre Liebe
nicht. Hin und wieder spürte er, wie etwas Fremdes und
Ungewohntes von ihm Besitz ergriff.
Diese Gefühle weckten in ihm nicht nur Zuneigung,
nein, auch eine gewisse Erinnerung an den Liebeszaun
des alten Propheten kam über ihn.
Sonderbar, wie er dieses Gefühl zuließ.
Allerdings, in den Armen seiner Gespielinnen, siegte
das Böse wieder über ihn.

Keine Liebe zu empfinden war für ihn leichter, enthob
es ihn doch jeder Verpflichtung sich selbst und den
anderen gegenüber.
Hin und hergerissen versuchte das Erdfräulein ihren
Traum zu vergessen.
Keiner hatte je ihren Stolz so verletzt und ihre Nähe so
abgewiesen.
Sie wünschte sich hinter den Zaun des alten Mannes.
Von dort aus hatte sie das ganze Geschehen liebevoll
betrachtet, hier aber stapelte sich bei ihr das Schlechte
bis hin zum Hass.
 Sie machte alles falsch, was sie nur falsch machen
konnte, und am Ende waren beide zerstritten.
Voller Wut und Enttäuschung rettete sie sich wieder
über den ihr vertrauten Zaun.
Der Prophet nahm sie tröstend in seine Arme und ließ
sie weinen.
Tausende von Tränen flossen durch den kleinen Garten
des alten Mannes.
Klare, ehrliche Tränen, die sich ein kleines Bett suchten
zwischen den Träumen und Hoffnungen so vieler
anderen Menschen.
„Siehst du, jetzt haben wir nicht nur einen Zaun der
Liebe, sondern auch einen Bach der Liebe in unserem
Garten", scherzte der Prophet.
„Nun, da du ausgeweint hast, sind Deine Augen klar!
Schau hinüber zu dem Erdmännchen und sag mir, was
Du fühlst."
Sie sah nun, wie der Bach sich durch den Zaun grub
und zu einem Fluss wurde.

Überall dort, wo die Menschen es verlernt hatten zu lieben, schlängelte sich das Flussbett vorbei.

So auch am Hause des Erdmannes. Zuerst wusch dieser sich die Füße in ihren Tränen.

„Wie immer", dachte sie.

Als er dann aber voller Freude über den so plötzlich geschenkten Bach auch noch seine Freunde dazu einlud, blieb ihr fast das Herz stehen.

Eine Weile sah sie dem Schauspiel zu.

Das Erdmännlein planschte vergnügt, und alle lachten und jubelten bis zum Halse in dem schönen klaren Wasser.

Vor lauter Übermut schluckte das Erdmännlein von dem Wasser des Bachcs.

Erschrocken schwamm er an das Ufer.

Er schmeckte das Salz und fühlte, dass es Tränen waren.

Nun sah er auch, woher der Fluss kam, und seine Erinnerung zwang ihn, auf den Zaun zu schauen, direkt in die leergeweinten Augen einer Frau.

„Sag, was Du fühlst, kannst du ihm je wieder glauben, wenn ich dich jetzt zurückschicke?", forschte der Prophet.

Die Erdfrau war aber schon auf dem Weg, hin zu ihrem Schicksal. Was sie fühlte und mitnahm, war ein Urvertrauen. Jetzt schmunzelte der alte weise Mann.

Dieses Vertrauen der beiden war nicht durch den Bach oder den Zaun alleine gekommen.

Er schaute auf seine Uhr und stellte fest, dass die richtige Zeit gekommen war.

Eingebettet

Eingebettet in die Ewigkeit,
sind alle wie du.
Ausgestattet mit prallem Leben,
bist du ein Teil davon.
Lehnst du einen ab
und gehst an ihm vorbei,
hast du alle verloren.
Denn es bleibt nicht
bei dem einen.
Schnelles Urteil
fällt man nur über sich selbst.

Es kam zum Streit der Mächtigen

Es kam zum Streit der Mächtigen,
wem doch die Welt gehöre.
Den Klugen und den Mächtigen,
die kennen Land und Meere.

Sprach einer mit erhob´ner Hand,
ich lass mir nichts gefallen.
Ob arm, ob reich, gleich welches Land,
die Welt gehört uns allen.

Da meldet sich ein armer Wicht.
Ob Strauch, ob Tier, ob Frau, ob Mann,
die Welt gehöre keinem nicht.
Wir sind den Welten untertan.

Den einen nähre sie zu gut,
den andern lässt sie fallen.
Und wenn die Welt uns nicht mehr mag?
Dann Gnade Gott uns allen.

Feld der Wünsche

Ein Feld, besät mit vielen Wünschen,
gefüllt mit Sehnsucht, still im Monde bracht,
fleht himmelwärts um Frucht und Blüte,
kennt keine Sonne, sieht nur Nacht.

Ein Feld, genährt mit tausend Zweifeln,
voll Missgunst, Neid und Eifersucht,
vergeblich strebt die Saat zum Lichte,
die Dunkelheit hat sie verflucht.

Als Nahrung Liebe und Vertrauen
gäb` Wärme frei und Sonnenlicht.
Wo Glaube fehlt, soll man nicht bauen,
der Himmel sieht die Saat im Dunkel nicht.

bracht = brach liegen

Freundschaft

Du warst ein guter Freund.
Viele Jahre hast mir zugehört.
Deine Geduld war bewundernswert.
Für alle Sorgen warst du offen.
Nie hatte ich das Gefühl
dich zu stören.
Wir haben uns gut verstanden,
als es mir schlecht ging.

Jetzt geht es mir gut.
Du mahnst zur Vorsicht.
Du verstehst mich nicht mehr.
Mein Glück stört dich sehr.
Du redest ununterbrochen
von Dingen, die mir widerfahren könnten.

Gebet

Du hast mir die Angst gegeben,
damit ich vorsichtig bin.
Du schickst mir Krankheiten,
damit ich mir endlich Ruhe gönne.
Du hast mich zu Boden fallen lassen,
damit ich den Himmel besser sehe.

Gelebt

Wenn du mir das Lied vom Geborenwerden schreibst,
beschreibe die freundlichen Menschen um mich.
Vergiss nicht den Stolz meines Vaters
und das Glück meiner Mutter.
Schildere das Lachen der Nachbarn,
als sie meinen ersten Schrei vernahmen.

Wenn du mir das Lied vom Leben schreibst,
so beschreibe die Höhen und Tiefen.
Sag, dass ich unter Freuden weinte
und lachte, wenn die Trauer überhand nahm.
Schreib von den Gefühlen dieser Welt
und von meinem Mut, sie leben zu wollen.

Wenn du mir das Lied vom Tod schreibst,
dann erzähl – ich war satt und müde und bereit.
Verschweige nicht meine schlechten Eigenschaften,
denn die machten mich zum Menschen.
Und vergesst nicht,
dass ich schon immer neugierig war
auf das Danach.

Gleichmaß

Dein Leben scheint nun nicht mehr
so alltäglich.
Wo ist das Gleichmaß,
welches du gewohnt?
So mancher Weg
wird langsam unerträglich.
Schon fragst du dich,
ob es der Mühe lohnt.

Ist es Liebe?

Verweigerst du deinem Körper zu lieben,
wird er sich rächen.
Verweigerst du deiner Seele zu lieben,
so wird sie dich töten.

Kosmische Gemeinschaft

Einsam fühlt sich der Wind,
wenn du ihn nicht spürst.

Alleine fühlt sich der Regen,
wenn du ihn nicht achtest.

Elend fühlt sich die Sonne,
wenn du ihre Wärme nicht genießt.

Langsam stirbt der Baum,
wenn du seinen Schatten nicht brauchst.

Warum siehst du nicht das Zusammenspiel?

Kosmischer Freund

Wellen vergessener Gedanken trugen uns hierher.
Ich sehe dich in der Menge.
In deinem Gesicht die Schatten vergangener Leben.
Sie ähneln den Schatten in meinem Gesicht.
Wir erkennen uns immer wieder,
und ich wehre mich gegen dich.
Die Macht des Übels
wollte uns fast zerstören.
Doch unsere Flügel
haben uns zusammengetragen.
Das Eis in unseren Herzen wird brechen.
Was werde ich diesmal von dir lernen?
Sag es mir, bevor die Schatten dieses Lebens
sich wieder in unsere Gesichter graben.

Kostbarkeit

Hineingeboren in eine laue Welt.
Grelles Licht schiebt dich ins Dunkel.
Schallendes Gelächter wird zum Schrei.
Bunte Farben auf tristem Grund.
Nur die Nacht träumt den Tag herbei.
Und jede Lüge kennt die Wahrheit.
In einer langen Nacht
läufst du dir selbst entgegen.
Ein kostbares Geschenk.

Lebensaufgabe

Strahlend blauer Himmel,
die Sonne lacht.
Du sagst:
„Es ist sowieso gleich Abend."

Man bittet dich zum Tanz,
doch du bleibst sitzen
und gibst zu bedenken:
„Ich muss bald nach Haus."

Du liegst auf dem Sofa
und wartest darauf,
dass man dir das Leben
auf einem Silbertablett reicht.

Vielleicht ist Warten deine Lebensaufgabe.

Lebensspiel

Verstecke deine Angst und Trauer,
überspiele deine Unsicherheit,
verleugne deine Schwächen
und geh den anderen aus dem Weg.
Dann begegnest du nur Menschen,
die das Gleiche tun.
Nämlich keinem.

Lüge

Wahrheit pflastert eine gerade Straße
ohne Abweichungen.
Jede Lüge macht einen Umweg.
Wege und Straßen,
die man tausendmal gehen muss.

Magie

Wie auf einer unverwüstlichen Schallplatte
graben sich jeder Gedanke, jedes Wort
und jede Tat ein.
Es wird zum Lied deines Lebens
und kann nie wieder verlöschen.
Auch wenn die Platte zerbricht,
bleibt das Lied.

Magst du mich?

Du hast mir gezeigt,
was du alles kannst.
Du hast mir deine Kraft bewiesen.
In allen Lebenslagen
weißt du dir zu helfen.
Du bist stark und gut.
Deine Moral ist unerschütterlich.
Deine Fürsorge und Wärme gefallen mir.
Du bist schön, klug und ehrenhaft.
Zeig mir ein wenig deine Schwächen,
und ich glaube dir,
dass du mich magst.

Maske

Du stehst wieder einmal auf,
schaust in den Spiegel und findest dich schön.
Alle werden dich heute schön finden.
Schließlich hast du viel dafür getan.

Wie immer wirst du kluge Worte finden
und geschickt die Fäden spinnen.
Wieder anders denken als tun.
Die Gefühle im Hintergrund lassen.
Man sagt, du seist glücklich!

Wie immer geht es dir gut – das sieht man!
Wenn man davon absieht,
dass dir hin und wieder der Mund weh tut
vom falschen Lächeln.

Vater unser

Ich denke über uns nach.
Irgendwann habe ich geglaubt,
du hättest mich vergessen.
Als Kind hat man mich gelehrt,
ich soll mich vor dir fürchten.
Ich konnte Furcht
von Ehrfurcht nicht unterscheiden.
Verwechselte sie mit Angst.
Alle Stolpersteine des Lebens
hielt ich für eine Strafe von dir.
Deshalb waren wir lange getrennt.
Heute weiß ich mehr über dich.
Du hast mich getragen,
als ich deine Hand nicht mehr fühlte,
ohne dass ich es merkte.
Ich habe deine Schule besucht
und merkte immer viel später als du,
was gut für mich ist.
Oft quälte ich mich mit Entscheidungen,
die du längst für mich getroffen hattest.
Es ist gut so –
dass dein Wille geschieht.